现代信息技术管理
与创新应用研究

郭鹏然　刘　青　姜正荣　主编

哈尔滨出版社
HARBIN PUBLISHING HOUSE

图书在版编目（CIP）数据

现代信息技术管理与创新应用研究 / 郭鹏然 , 刘青 ,
姜正荣主编 . -- 哈尔滨 : 哈尔滨出版社 , 2024. 7.
ISBN 978-7-5484-8076-1

Ⅰ . G20

中国国家版本馆 CIP 数据核字第 2024TY0643 号

书　　名：**现代信息技术管理与创新应用研究**
XIANDAI XINXI JISHU GUANLI YU CHUANGXIN YINGYONG YANJIU

作　　者：郭鹏然　刘　青　姜正荣　主编
责任编辑：杨浥新
封面设计：古　利

出版发行：哈尔滨出版社（Harbin Publishing House）
社　　址：哈尔滨市香坊区泰山路82-9 号　　邮编：150090
经　　销：全国新华书店
印　　刷：廊坊市海涛印刷有限公司
网　　址：www.hrbcbs.com
E-mail：hrbcbs@yeah.net
编辑版权热线：(0451)87900271　87900272

开　　本：787mm × 1092mm　1/16　　印张：14　　字数：226千字
版　　次：2024 年 7 月第 1 版
印　　次：2024 年 7 月第 1 次印刷
书　　号：ISBN 978-7-5484-8076-1
定　　价：78.00 元

凡购本社图书发现印装错误，请与本社印制部联系调换。
服务热线：（0451）87900279

编委会

主　编

郭鹏然　鹤壁市职业技能等级评价指导中心
刘　青　衡水市财政信息中心
姜正荣　浙江迈新科技股份有限公司

副主编

杭箴良　青岛市运输中心
胡巧婕　昌吉开放大学
王　博　陆军步兵学院石家庄校区

前　言

　　随着互联网、大数据、人工智能、物联网等技术的飞速发展，现代信息技术管理与创新应用正日益渗透到社会的各个层面。信息技术管理的核心在于如何有效地利用技术资源、优化业务流程、提高决策质量、增强组织的竞争力。它涉及信息系统的规划、开发、实施和维护等多个方面，要求管理者不仅要具备技术知识，还要有战略眼光和创新思维。

　　基于此，本书以"现代信息技术管理与创新应用研究"为题，首先介绍信息技术的基础知识，包括其发展历程和在组织管理中的核心作用。随后，书中将深入分析大数据、云计算、物联网、人工智能、数字孪生等关键技术，并讨论它们在不同领域的创新应用，展示这些技术如何增强组织的创新力和竞争力。同时，揭示如何有效地利用信息技术提升组织的管理策略和组织力，以及如何通过技术的选择、系统集成和人才培养等手段，实现组织的持续健康发展。最后，本书将预测信息技术的未来趋势，以及这些趋势对组织管理可能带来的影响，为读者提供前瞻性的视角和实用的指导建议。

　　本书在结构设计上注重逻辑性和连贯性，确保了内容的完整性和系统性，使读者能够循序渐进地掌握知识，形成清晰的学习路径。另外，书中所涵盖的内容广泛而全面，从大数据到云计算，从物联网到人工智能，再到数字孪生和数实融合，为读者提供了一个多角度、多层次的信息技术知识体系。这些特色不仅使本书成为信息技术专业人士和企业管理者提升自身能力的重要参考，也使其成为对信息技术创新应用感兴趣的广大读者的宝贵资源。

　　作者在写作过程中得到了许多专家、学者的帮助和指导，在此表示诚挚的谢意。由于作者水平有限，加之时间仓促，书中所涉及的内容难免有疏漏之处，希望各位读者多提宝贵的意见，以便进一步修改，使之更加完善。

目　录

第一章　大数据技术管理与创新

大数据技术不仅仅是管理海量数据，更是引领企业走向创新的重要工具。通过有效的数据管理和分析，企业可以更好地理解市场趋势、消费者需求和业务运营情况，从而制订更精准的战略决策。同时，大数据技术也为企业创新提供了无限可能。本章主要阐述对大数据的基本认知、大数据的技术分析、大数据在不同领域的应用创新。

第一节　对大数据的基本认知

一、大数据的特性、关联与功能

（一）大数据的特性

第一，在数据量方面。当前全球所拥有的数据总量已经远远超过历史上的任何时期，更为重要的是，数据量的增加速度呈现出倍增趋势，并且每个应用所计算的数据量也大幅增加。

第二，在数据速率方面。数据的产生、传播的速度更快，在不同时空中流转，呈现出鲜明的流式特征。更为重要的是，数据价值的有效时间急剧缩短，也要求越来越高的数据计算和使用能力。

第三，在数据复杂性方面。数据种类繁多，数据在编码方式、存储格式、应用特征等多个方面也存在多层次、多方面的差异性，结构化、半结构化、非结构化数据并存，并且半结构化、非结构化数据所占的比例不断增加。

第四，在数据价值方面。数据规模增大到一定程度之后，隐含于数据中的知识的价值也随之增大，并将更多地推动社会的发展和科技的进步。此外，大数据往往还呈现出个性化、不完备化、价值稀疏、交叉复用等特征。

(二) 大数据的关联

数据无处不在，人类从发明文字开始，就开始记录各种数据，只是保存的介质一般是书本，这难以分析和加工。随着计算机与存储技术的快速发展，以及万物数字化的过程，出现了数据的爆发，而且数据爆发的趋势随着万物互联的物联网技术的发展会越来越迅速。同时，对数据的存储技术和处理技术的要求也会越来越高。

随着业务的发展，比如个性化推荐、广告投放系统的出现，会需要更多的数据来做支撑，而数据库的用户数据，除了收藏和购物车是用户行为的体现外，用户的其他行为是不展示的。这里就需要引进另一个数据来源，即日志数据，记录用户的行为数据，可以通过 Cookie 技术，只要用户登录过一次，就能与真实的用户取得关联。比如通过获取用户的浏览行为和购买行为，进而可以给用户推荐可能感兴趣的商品，基于最基础的用户行为数据做的推荐算法。这些行为数据还可以用来分析用户的浏览路径和浏览时长，这些数据是用来改进相关电商产品的重要依据。

(三) 大数据的功能

第一，追踪。互联网和物联网无时无刻不在记录，大数据可以追踪、追溯任何记录，形成真实的历史轨迹。追踪是许多大数据应用的起点，包括消费者购买行为、购买偏好、支付手段、搜索和浏览历史、位置信息等。

第二，识别。在对各种因素全面追踪的基础上，通过定位、比对、筛选，可以实现精准识别，尤其是对语音、图像、视频进行识别，丰富可分析的内容，使得到的结果更为精准。

第三，画像。通过对同一主体不同数据源的追踪、识别、匹配，形成更立体的刻画和更全面的认识。对消费者画像，可以精准地推送广告和产品；对企业画像，可以准确地判断其信用及面临的风险。

第四，预测。在历史轨迹、识别和画像基础上，对未来趋势及重复出现的可能性进行预测，当某些指标出现预期变化或超预期变化时给予提示、预警。

第五，匹配。在海量信息中精准追踪和识别，利用相关性、接近性等进行筛选比对，从而更有效率地实现产品搭售和供需匹配。大数据匹配功能是互联网约车、租房、金融等共享经济新商业模式的基础。

第六，优化。按距离最短、成本最低等给定的原则，通过各种算法对路径、资源等进行优化配置。对企业而言，可以提高服务水平，提升内部效率；对公共部门而言，可以节约公共资源，提升公共服务能力。

二、大数据平台能力与架构

（一）大数据平台的能力

1. 数据存储能力

在大数据平台对数据进行采集之后，就需要考虑如何存储这些海量数据的问题了，根据业务场景和应用类型的不同会有不同的存储需求。比如针对数据仓库的场景，数据仓库的定位主要是应用于联机分析处理，因此会采用关系型数据模型进行存储；针对一些实时数据计算和分布式计算场景，通常会采用非关系型数据模型进行存储；还有一些海量数据会以文档数据模型的方式进行存储。因此大数据平台需要具备提供不同的存储模型以满足不同场景和需求的能力。

2. 数据采集能力

拥有数据采集能力要有数据来源，在大数据领域，数据是核心资源。数据的来源方式有很多，主要包括公共数据、企业应用程序的埋点数据以及软件系统本身用户注册及交易产生的相关用户及交易数据。对数据的分析与挖掘都需要建立在这些原始数据的基础上，而这些数据通常具有来源多、类型杂、体量大等特点。因此大数据平台需要具备对各种来源和各种类型的海量数据的采集能力。

3. 数据分析能力

在对数据进行处理后，就可以根据不同的情形对数据进行分析了。如可以应用机器学习算法对数据进行训练，然后进行一些预测和预警等；还有可以运用多维分析对数据进行分析来辅助企业决策等。因此大数据平台需要具备数据分析的能力。

4. 数据处理与计算能力

在对数据进行采集并存储下来之后，就需要考虑如何使用这些数据了。需要根据业务场景对数据进行处理，不同的处理方式会有不同的计算需求。比如针对数据量非常大但是对时效性要求不高的场景，可以使用离线批处理；针对一些对时效性要求很高的场景，就需要用分布式实时计算来解决了。因此大数据平台需要具备灵活的数据处理和计算的能力。

5. 数据可视化与应用能力

数据分析的结果仅用数据的形式进行展示会显得单调且不够直观，因此需要把数据进行可视化，以提供更加清晰、直观的展示形式。"随着大数据时代的到来，使用数据可视化技术，可以提高挖掘数据信息的效率以及增加决策的准确性。"[①] 对数据的一切操作最后还是要落实到实际应用中去，只有应用到现实生活中才能体现数据真正的价值。因此大数据平台需要具备数据可视化并能进行实际应用的能力。

(二) 大数据平台的架构

1. 数据来源层

众多互联网企业把数据看作他们的财富，有了足够多的数据，他们才能分析用户的行为、了解用户的喜好，更好地为用户服务，从而促进企业自身的发展。数据来源一般为生产系统产生的数据，以及系统运维产生的用户行为数据、日志式的活动数据、事件信息等，如电商系统的订单记录、网站的访问日志、移动用户手机上网记录、物联网行为轨迹监控记录等。

2. 数据采集层

数据采集是大数据价值挖掘最重要的一环，其后的数据处理和分析都建立在采集的基础上。大数据的数据来源复杂多样，而且数据格式多样、数据量大。因此，大数据的采集需要利用多个数据库接收来自客户端的数据，并且应该将这些来自前端的数据导入一个集中的大型分布式数据库或者分布式存储集群，同时可以在导入的基础上做一些简单的清洗工作。

---

① 温丽梅，梁国豪，韦统边，等. 数据可视化研究 [J]. 信息技术与信息化，2022 (5)：164.

3. 数据存储层

在大数据时代，数据类型复杂多样，其中主要以半结构化和非结构化为主，传统的关系型数据库无法满足这种存储需求。因此针对大数据结构复杂多样的特点，可以根据每种数据的存储特点选择最合适的解决方案：对非结构化数据采用分布式文件系统进行存储；对结构松散无模式的半结构化数据采用列存储、键值存储或文档存储等 NoSQL 存储[①]；对海量的结构化数据采用分布式关系型数据库存储。

4. 数据分析层

数据分析是指通过分析手段、方法和技巧对准备好的数据进行探索、分析，从中发现因果关系、内部联系和业务规律，从而提供决策参考。在大数据时代，人们迫切地希望在由普通机器组成的大规模集群上实现高性能的数据分析系统，为实际业务提供服务和指导，进而实现数据的最终变现。

第二节 大数据的技术分析

一、大数据挖掘与可视化技术

(一) 大数据分析与数据挖掘技术

1. 大数据分析

在商业智能、科学研究、计算机仿真、互联网应用和电子商务等诸多应用领域，数据在以极快的速度增长，为了分析和利用这些庞大的数据资源，必须依赖有效的数据分析技术。为了从数据中发现知识并加以利用，辅助领导者的决策，必须对数据进行深入的分析，而不是生成简单的报表，这些复杂的分析必须依赖于分析模型。

（1）数据分析。数据分析是指用适当的统计方法对收集来的大量第一手资料和第二手资料进行分析，以求最大化地开发数据资料的功能，发挥数据的作用。数据分析的目的是把隐没在一大批看来杂乱无章的数据中的信息集中、萃取和提炼出来，以找出所研究对象的内在规律。在实际运用中，数据

---

① NoSQL 泛指非关系型的数据库。

分析可帮助人们做出判断，以便采取适当的行动。

从分析人员的视角看，数据分析环境经历了从孤立的数据集市到数据仓库、再到如今的分析沙盒的演变过程。由于电子数据表的出现，业务用户可以在具有行列结构的数据上建立起简单逻辑，并创建他们自己对业务问题的分析；普通用户不需要参加复杂的培训即可建立电子数据表。电子数据表的两个主要益处是：①容易共享；②终端用户对涉及的逻辑有所控制。然而，它们的迅速扩散使得企业不得不艰难地应对因为频繁更新而引起的"多版本"问题。如果一个用户不幸丢失或损坏了笔记本电脑，则已经建立的数据及其逻辑也就此终结。这些问题的存在使得数据集中化需求越来越高。

企业数据仓库对于报表和商业智能事务是极其重要的，虽然从分析人员的视角看，数据仓库会限制分析人员执行繁重的分析或降低数据探索的灵活性。在这种模式中，数据是由 IT 团队和数据库管理员来管理和控制的，而分析人员必须依赖 IT 人员来访问和更改数据模式。这种严格的控制和监督也意味着分析人员需要更长的时间才能获得数据，而且数据又通常是来自多个数据源。事实上，数据仓库的规则限制了分析人员建立分析所用的数据集，这使得在企业中出现了影子系统，其中包含了用于构造分析数据集的关键数据，由高级用户在本地管理。

分析沙盒[①]使得应用数据库内嵌处理的高性能计算成为可能。这种方法能够关联企业内部多个数据源，从而节省了分析人员用于建立独立数据集的时间。用于深度分析的数据库内嵌处理使得开发和执行新分析模型的周期大大加快，并减少了用于在本地影子系统保存数据的相关费用。另外，分析沙盒可以装载各种各样的数据，例如互联网数据、元数据和非结构化数据，而不仅仅是企业数据仓库中的典型结构化数据。

（2）分析平台。大数据项目带有一些应考虑的因素，用以确保分析方法适合处理所面对的问题。由于大数据的特性，这些方法适合用于决策支持，特别是具有高处理复杂度和高价值的战略性决策。由于数据的高容量和复杂性，因此用于这方面的分析技术需要能够灵活地迭代使用。这些条件产生了复杂的分析项目，例如，预测客户流失率，执行起来会有一定的延迟；或者使用先进分析方法、大数据和机器学习算法的组合来实施这些分析技术，用

---

① 沙盒是指在受限的安全环境中运行应用程序的一种做法。

来提供实时或者准实时的分析，例如，基于近期网站访问记录和购买行为的推荐引擎。为了成功实施大数据项目，还需要把与当今传统企业数据仓库不同的方法作为数据架构。分析人员需要与 IT 和数据库管理员进行合作，获取他们在分析沙盒中需要的数据，这包括原始未处理的数据、聚合数据，以及具有多种类型结构的数据。沙盒需要精通深度分析的人员来使用，以便采用更强大的方式来探索数据。

2. 数据挖掘技术

数据挖掘这一术语所指的范围非常广泛，从即席式查询、基于规则的通知或透视图分析到政府监听计划。数据挖掘是一个过程，使用自动方法分析数据，以便找到隐藏的模式。提到数据挖掘时，常常使用其他术语，如机器学习、数据库中的知识发现（KDD）或者预测分析等。虽然这些术语的含义稍有不同，但它们互相重叠，在功能上完全等价于数据挖掘。

（1）数据挖掘。数据挖掘是在数据中的知识挖掘。数据挖掘是从大量的数据中自动搜索隐藏于其中的有着特殊关系性的信息的过程，主要有数据准备、规律寻找和规律表示三个步骤。数据挖掘的任务有关联分析、聚类分析、分类分析、异常分析、特异群组分析和演变分析等。数据挖掘通常与计算机科学有关，并通过统计、在线分析处理、情报检索、机器学习、专家系统和模式识别等诸多方法来实现上述目标。

根据摩尔定律[1]，在过去的若干年中，计算机的功能呈指数级增长。但硬盘驱动器容量的增长速度远大于处理器的处理能力，二者的增长不属于一个数量级，存储数据的能力大大超过了处理数据的能力。大量的数据被生成并存储在数据库中。这些数据大部分来自商业软件，例如金融应用程序、企业资源管理系统、客户关系管理系统及 Web 服务器的服务器日志，甚至来自托管数据的数据库服务器。不停地收集数据的结果是组织机构变得数据丰富而知识贫乏，收集的数据变得如此之多，以至于对存储的数据的实际利用开始受到限制。数据挖掘的主要目的是从已有数据中提炼知识，这就提高了已有数据的内在价值，并且使数据成为有用的东西。

---

[1] 摩尔定律是英特尔创始人之一戈登·摩尔的经验之谈，其核心内容为：集成电路上可以容纳的晶体管数目在大约每经过 18 个月到 24 个月便会增加一倍。换言之，处理器的性能大约每两年翻一倍，同时价格下降为之前的一半。

数据挖掘将算法(比如决策树、聚类、关联和时序算法等)应用到某一数据集,然后分析该数据集的内容。这种分析能挖掘出模式,这些模式含有有价值的信息。根据所使用的基本算法,这些模式可以是决策树、规则、聚类或者简单的数学公式。在模式中发现的信息可用作市场策略的指导,它对于预测来说非常重要。对于数据挖掘系统提出的每一个问题都可能涉及很多任务。

(2)高级分析方法。了解基于数据挖掘和机器学习理论的高级分析方法,将有助于研究分析需求,以及基于业务目标、初始假设和数据结构与数量来选择合适的技术。模型规划是基于问题确定合适的分析方法,它依赖于数据的类型和可用的计算资源。

第一,分类。分类是指把每个事例分成多个类别的行为,每个事例包含一组属性,其中有一个属性是类别属性。分类任务要求找到一个模型,该模型将类别属性定义为输入属性的函数。分类模型将使用事例的其他属性(输入属性)来确定类别的模式(输出属性)。有目标的数据挖掘算法称为有监督的算法。典型的分类算法有决策树算法、神经网络算法和贝叶斯算法。

第二,聚类分析。聚类分析也称为细分,它基于一组属性对事例进行分组,用来在数据集中找到相似群组的一种常用方法,其中"相似"的定义视具体问题而定。另外,还需要提及的是"无监督"概念,它是指在没有分类标签的数据中寻找内在的关联。

在聚类分析中,所有的输入属性都平等对待。大多数聚类算法通过多次迭代来构建模型,当模型收敛时算法停止,当细分的边界变得稳定时算法停止。

第三,关联规则。关联规则是另外一种无监督学习的方法,同样没有"预测"过程,主要用于发现数据之间的联系。关联也称购物篮分析。就关联而言,每一条信息都可以认为是一个物品。关联任务有两个目标:找出经常一起出现的那些物品,并从中确定关联规则。典型的应用场景有两个:①哪些商品通常会被一同购买;②喜欢购买这个产品的顾客会倾向于喜欢购买哪些其他产品。

第四,回归分析。回归任务类似于分类任务,但它不是查找描述类的模式,其目的是查找模式以确定数值。简单的线性拟合技术就是回归的一个例子,其结果是一个函数,可以根据输入的值来确定输出。更高级的回归形式支持分类输入及数值输入，回归使用的最流行的技术是线性回归和逻辑回归。回归任务能解决许多商业问题，例如，根据债券的面值、发行方式、发行数量和发行季节，可以预测它的赎回率；或者根据温度、大气压力和湿度，可以预测风速。回归关注的是输入变量和结果之间的关系，回归这种现象是拥有较高高度的祖先的后代往往回归到正常的平均水平。

第五，预测。预测也是一种重要的数据挖掘任务。预测技术采用数列作为输入，表示一系列时间值，然后运用各种能处理数据周期性分析、趋势分析和噪声分析的计算机学习和统计技术来估算这些序列未来的值。

第六，序列分析。序列分析用来发现一系列事件中的模式，这一系列事件称为序列。例如，DNA 序列是由 A、G、C 和 T 等四种不同的状态组成的长序列，Web 点击序列包含一系列 URL 地址等；在某些情况下，客户购买商品的次序也可以建模为序列数据。序列数据和时间序列数据的相似之处在于它们都包含连续的观察值，这些观察值是有次序的。它们的区别是时间序列包含数值型数据，而序列包含离散的状态。

第七，偏差分析。偏差分析是为了找出一些特殊的事例，这些事例的行为与其他事例有明显的不同。偏差分析的应用范围很广，最常见的应用是信用卡欺诈行为检测，但是从数百万个事务中鉴别出异常情况是非常困难的；其他的应用包括网络入侵检测、劣质产品分析等。

（二）数据可视化技术

数据可视化是对数据的视觉表现的研究，这种数据的视觉表现形式被定义为一种以某种概要形式抽提出来的信息，包括相应信息单位的各种属性和变量。数据可视化的主要目的是通过图像清楚、有效地传播信息。为了有效地传递思想，美观的形式与功能性需要密切地关联，通过一种更直观的方式传播关键部分，提供对相当分散和复杂的数据集的洞悉。

数据可视化的设计简化为四个级联的层次：①刻画真实用户的问题，称为问题刻画层；②抽象层，将特定领域的任务和数据映射到抽象且通用的任务及数据类型；③编码层，设计与数据类型相关的视觉编码及交互方法；④创建正确、完整的系统设计的算法。各层之间是嵌套的，上游层的输出是下游层的输入。

1.数据可视化的核心要素

科学可视化和信息可视化分别设计了可视化流程的参考体系结构模型，并被广泛应用于数据可视化系统中。可视分析学的基本流程是通过人机交互将自动数据挖掘方法和可视分析方法紧密结合，可视分析流水线的起点是输入的数据，终点是提炼的知识。从数据到知识有两个途径：交互的可视化方法和自动的数据挖掘方法，两个途径的中间结果分别是对数据的交互可视化结果和从数据中提炼的数据模型。用户既可以对可视化结果进行交互的修正，也可以调节参数以修正模型。数据可视化流程中的核心要素包括以下方面：

（1）数据表示与转换。数据可视化的基础是数据表示与转换，为了允许有效的可视化、分析和记录，输入数据必须从原始状态转换到一种便于计算机处理的结构化数据表示形式。通常这些结构存在于数据本身，需要研究有效的数据提炼或简化方法以最大限度地保持信息和知识的内涵及相应的上下文。有效表示海量数据的主要挑战在于采用具有可伸缩性和扩展性的方法，以便保持数据的特性和内容。

（2）数据的可视化呈现。将数据以一种直观、容易理解和操纵的方式呈现给用户，需要将数据转换为可视化表示。数据可视化向用户传播了信息，而同一个数据集可能对应多种视觉呈现形式，即视觉编码，数据可视化的核心内容是从巨大的呈现多样性的空间中选择最合适的编码形式。判断某个视觉编码是否合适的因素包括感知与认知系统的特性、数据本身的属性和目标任务。

大量的数据采集通常是以流的形式实时获取的，针对静态数据发展起来的可视化显示方法不能直接拓展到动态数据。这不仅要求可视化结果有一定的时间连贯性，还要求可视化方法达到高效以便给出实时反馈。因此不仅需要研究新的软件算法，还需要更强大的计算平台、显示平台和交互模式。

（3）用户交互。对数据进行可视化和分析的目的是解决目标任务。通用的目标任务可分成三类：生成假设、验证假设和视觉呈现。数据可视化可以用于从数据中探索新的假设，也可以证实相关假设与数据是否吻合，还可以帮助数据专家向公众展示其中的信息。交互是通过可视的手段辅助分析决策的直接推动力。

有关人机交互的探索已经持续很长时间，但智能、适用于海量数据可视化的交互技术，如任务导向的、基于假设的方法还是一个未解难题，其核心挑战是新型的可支持用户分析决策的交互方法。这些交互方法涵盖底层的交互方式与硬件、复杂的交互理念与流程，还需要克服不同类型的显示环境和不同任务带来的可扩充性难点。

2. 数据可视化的类型划分

数据可视化的处理对象是数据。数据可视化包含处理科学数据的科学可视化与处理抽象、非结构化信息的信息可视化两个分支。科学可视化研究带有空间坐标和几何信息的三维空间测量数据等，重点探索如何有效地呈现数据中几何、拓扑和形状特征。信息可视化的处理对象则是非结构化、非几何的抽象数据，如金融交易、社交网络和文本数据，其核心挑战是如何针对大尺度高维数据减少视觉混淆对有用信息的干扰。由于数据分析的重要性，将可视化与分析进行结合，形成一个新的学科——可视分析学。科学可视化、信息可视化和可视分析学三个学科方向通常被看成可视化的三个主要分支。

（1）科学可视化。科学可视化是可视化领域最早、最成熟的一个跨学科研究与应用的领域。面向的领域主要是自然科学，如物理、化学、气象气候、航空航天、医学、生物学等各个学科，这些学科通常需要对数据和模型进行解释、操作与处理，旨在寻找其中的模式、特点、关系以及异常情况。

科学可视化的基础理论与方法已经相对成形，早期的关注点主要在于三维真实世界的物理化学现象，数据通常表达在三维或二维空间，或包含时间维度。鉴于数据的类别可分为标量、向量、张量三类，科学可视化也可粗略地分为三类：标量场可视化、向量场可视化和张量场可视化。

（2）信息可视化。信息可视化处理的对象是抽象的、非结构化的数据集合。传统的信息可视化起源于统计图形学，又与信息图形、视觉设计等现代技术相关，其表现形式通常在二维空间，因此关键问题是在有限的展现空间中以直观的方式传达大量的抽象信息。

与科学可视化相比，信息可视化更关注抽象、高维数据。此类数据通常不具有空间中位置的属性，因此要根据特定数据分析的需求，决定数据元素在空间的布局。

（3）可视分析学。可视分析学是一门以可视交互界面为基础的分析推理科学，它综合了图形学、数据挖掘和人机交互等技术，以可视交互界面为通道，将人的感知和认知能力以可视的方式融入数据处理过程，实现人脑智能和机器智能优势互补和相互提升，建立螺旋式信息交流与知识提炼途径，完成有效的分析推理和决策。

可视分析学可看成将可视化、人的因素和数据分析集成在内的一种新思路。其中，感知与认知科学研究人在可视分析学中的重要作用；数据管理和知识表达是可视分析构建数据到知识转换的基础理论；地理分析、信息分析、科学分析、统计分析、知识发现等是可视分析学的核心分析论方法。在整个可视分析过程中，人机交互必不可少，可用于驾驭模型构建、分析推理和信息呈现等整个过程。可视分析流程中推导出的结论与知识最终需要向用户表达、作业和传播。

3.可视化中的数据与图表

（1）数据。人们对数据的认知一般都经过从数据模型到概念模型的过程，最后得到数据在实际中的具体语义。

数据模型是对数据的底层描述及相关的操作。在处理数据时，最初接触的是数据模型。概念模型是对数据的高层次描述，对应于人们对数据的具体认知。在对数据进行进一步处理之前，需要定义数据的概念和它们之间的联系，同时定义数据的语义和它们所代表的含义。

（2）图表。统计图表是最早的数据可视化形式之一，作为基本的可视化元素，其仍然被广泛地使用。对于很多复杂的大型可视化系统来说，这类图表更是作为基本的组成元素而不可缺少，基本图表及其属性和适用的场景如下：

第一，柱状图。柱状图是一种以长方形的长度为变量的表达图形的统计报告图，由一系列高度不等的纵向条纹表示数据分布的情况，用来比较两个或两个以上的数值，只有一个变量，通常用于较小的数据集分析。柱状图亦可横向排列，或用多维方式表达。

第二，直方图。直方图是对数据集的某个数据属性的频率统计，对于单变量数据，其取值范围映射到横轴，并分割为多个子区间。每个子区间都用一个直立的长方块表示，高度正比于该属性值子区间的数据点的个数。直方图可以呈现数据的分布、离群值和数据分布的模态。直方图的各个部分之和等于一个单位整体，而柱状图的各个部分之和没有限制，这是两者的主要区别。

第三，饼图。饼图采用饼干的隐喻，用环状方式呈现各分量在整体中的比例，这种分块方式是环状树图等可视表达的基础。

4. 可视化中的交互技术

（1）交互技术的作用。数据可视化系统除了视觉呈现部分，另一个核心要素是用户交互，交互是用户通过与系统之间的对话和互动来操纵与理解数据的过程。无法互动可视化的方式，例如静态图片和自动播放的视频，虽然在一定程度上能帮助用户理解数据，但其效果有一定的局限性。特别是当数据尺寸大、结构复杂时，有限的可视化空间大大地限制了静态可视化的有效性。即使用户在解读一个静态的信息图海报时，也常常会靠近或者拉远，甚至旋转海报以便理解，这些动作相当于用户的交互操作。具体而言，交互在以下方面让数据可视化更有效：

第一，缓解有限的可视化空间和数据过载之间的矛盾。这个矛盾表现在两个方面：①有限的屏幕尺寸不足以显示海量的数据；②常用的二维显示平面也对复杂数据的可视化提出了挑战。交互可以帮助拓展可视化中信息表达的空间，从而解决有限的空间与数据量和复杂度之间的差距。

第二，交互能让用户更好地参与对数据的理解和分析，特别是对于可视分析系统来说，其目的不是向用户传递定制好的知识，而是提供工具和平台来帮助用户探索数据、分析数据价值、得出结论。在这样的系统中，交互是必不可少的。

（2）交互技术的任务。从设计可视化系统的角度出发，研发人员通常根据整个系统要完成的用户任务来选择交互技术。对于不同的应用领域，可视化要完成的任务和达到的目的也不同。一个比较全面的分类包括以下交互任务：

第一，选择。当数据以纷繁、复杂、多变之姿呈现在用户面前时，此种方式能使用户标记其感兴趣的部分以便跟踪变化情况。

第二，导航。导航是可视化系统中最常见的交互手段之一。当可视化的数据空间较大时，可通过缩放、平移、旋转这三种操作对空间的任意位置进行检索，展示不一样的信息。

第三，重配。为用户提供观察数据的不同视角，常见的方式有重组视图、重新排列等，解决由于空间位置距离过大导致的两个对象在视觉上关联性降低的问题。

第四，编码。交互式地改变数据元素的可视化编码，如改变颜色、更改大小、改变方向、更改字体、改变形状等，或者使用不同的表达方式以改变视觉外观，可以直接影响用户对数据的认知，从而使用户更深刻地理解数据。

第五，抽象/具象。此交互技术可以为用户提供不同细节等级的信息，用户可通过交互控制显示更多或更少的数据细节。

第六，过滤。通过设置约束条件实现信息查询，通过用户输入的关键词呈现给用户相应的过滤结果，动态实时地更新过滤结果，以达到过滤结果对条件的实时响应，从而加速信息获取效率。

第七，关联。此技术被用于高亮显示数据对象间的联系，或者显示与特定数据对象有关的隐藏对象，可以对同一数据在不同视图中采用不同的可视化表达，也可以对不同但相关联的数据采用相同的可视化表达，让用户可以在不同的角度和不同的显示方式下观察数据。

二、大数据数据库技术分析

(一)大数据数据库技术的发展阶段

1.一代数据库系统

一代数据库系统指层次模型和网状数据库系统，层次数据库是数据库系统的先驱，而网状数据库则是数据库概念、方法、技术的奠基者。它们是数据库技术中研究得最早的两种数据库系统。两者的区分以数据模型作为基础：层次数据库的数据模型是分层结构的，而网状数据库的数据模型是网状的，它们的数据结构都可以用图来表示。层次数据模型对应于有根定向有序树，而网状模型对应的是有向图。所以，这两种数据模型可以统称为格式化数据模型。这两种数据库系统具有以下共同点：

(1)支持三级模式的体系结构。三级模式通常指外模式、模式、内模式。

模式之间具有转换 (或称为映射) 功能。

（2）用存取路径来表示数据之间的联系。这是数据库系统和文件系统的主要区别之一。数据库不仅存储数据，而且存储数据之间的联系。数据之间的联系在层次和网状数据库系统中都是用存取来表示和实现的。

（3）独立的数据定义语言。层次数据库系统和网状数据库系统有独立的数据定义语言，用以描述数据库的外模式、模式、内模式以及相互映像。各个模式一经定义，就很难修改。

（4）导航的数据操纵语言。层次和网状数据库的数据查询和数据操纵语言是一次一个记录的导航式的过程化语言。这类语言通常嵌入某一种高级语言。

所谓导航，就是指用户不仅要了解"干什么"，而且要指出"怎么干"。用户必须使用某种高级语言编写程序，一步一步地"引导"程序按照数据库中某一条预先定义的存取路径来访问数据库，最终达到要访问的数据目标。在访问数据库时，每次只能存取一条记录值。导航式的数据操纵语言，优点是存取效率高，缺点是编程烦琐，给用户编写应用程序带来了困难。其设计在很大程度上依赖于设计者自己的经验和实践，因而只有具有计算机专业水平的应用程序员才能掌握和使用这类数据库操纵语言。此外，应用程序的可移植性较差，数据的逻辑独立性也较差。

2.二代数据库系统

支持关系数据模型的关系数据库系统，是二代数据库系统。关系数据库是以关系模型为基础的。关系模型由以下部分组成：

（1）数据结构。数据结构包括域及域上定义的关系等。关系模型中，实体、实体与实体之间的联系都通过关系这种单一的结构类型来表示。

（2）关系操作。关系操作的能力可用关系代数 (或等价的关系演算) 中并、交、差、广义笛卡尔积、选择、投影、连接、除等操作来表示。关系操作的特点是集合操作，无论是操作的对象还是操作的结果都是集合。这种操作方式被称为一次一集合的方式，并非关系型的一次一记录的方式对照。

（3）数据完整性。数据完整性包括实体完整性、参照完整性以及与应用有关的完整性。实体完整性和参照完整性是关系模型必须满足的完整性约束条件，应由关系数据库系统自动支持；与应用有关的完整性由用户定义，它是针对某一具体数据库的约束条件，由应用环境决定。关系数据库系统应提供定义和检验这类完整性的机制。

关系数据库系统支持关系模型。关系模型不仅简单、清晰，而且有关系代数作为语言模型，有关系数据理论作为理论基础。因此，关系数据库系统具有形式化基础好、数据独立性强、数据库语言非过程化等特色，标志着数据库技术已经发展到了第二代。

3. 三代数据库系统

三代数据库系统的数据模型虽然描述了现实世界数据的结构和一些重要的相互联系，但是仍不能捕捉和表达数据对象所具有的丰富且重要的语义，因此只能属于语法模型。

（1）三代数据库系统应支持数据管理、对象管理和知识管理。除提供传统的数据管理服务外，第三代数据库系统将支持更加丰富的对象结构和规则，集数据管理、对象管理和知识管理于一体。第三代数据库系统不像第二代关系数据库那样有一个统一的关系模型，但是，有一点应该是统一的，即无论该数据库系统支持何种复杂的、非传统的数据模型，它应该具有 OO 模型的基本特征。数据模型是划分数据库发展阶段的基本依据，因此第三代数据库系统应该是以支持面向对象数据模型为主要特征的数据库系统。

（2）三代数据库系统必须保持或继承二代数据库系统的技术。这就是说必须保持二代数据库系统的非过程化数据存取方式和数据独立性，三代数据库系统应继承二代数据库系统已有的技术。这不仅能很好地支持对象管理和规则管理，而且能更好地支持原有的数据管理，支持多数用户需要的即席查询等。

（3）三代数据库系统必须对其他系统开放。数据库系统的开放性表现在：支持数据库语言标准，在网络上支持标准网络协议，系统具有良好的可移植性、可连接性、可扩展性和可操作性等。

（二）大数据数据库技术与其他技术

1. 主动数据库

主动数据库是在传统数据库基础上，结合人工智能技术和面向对象技术产生的数据库新技术。相对于传统数据库的被动性而言，许多实际的应用领域，如计算机集成制造系统、管理信息系统、办公室自动化系统中常常希望数据库系统在紧急情况下能根据数据库的当前状况，主动、适时地做出反应，执行某些操作，向用户提供有关信息。传统数据库系统是被动的系统，它只能被动地按照用户给出的明确请求执行相应的数据库操作，很难充分适应这些应用的主动要求。主动数据库的主要目标是提供对紧急情况及时反应的能力。

主动数据库通常采用的方法是在传统数据库系统中嵌入 ECA，即事件—条件—动作规则，在某一事件发生时引发数据库管理系统去检测数据库当前状态，看是否满足设定的条件，若条件满足，便触发规定动作的执行。

为了有效地支持 ECA 规则，主动数据库的研究主要集中于解决以下问题：

（1）执行模型。执行模型即规则的处理和执行方式，是对传统数据库系统事务模型的发展和扩充。

（2）条件检测。条件检测是主动数据库系统实现的关键技术之一，由于条件复杂，如何高效地对条件求值，这对提高系统效率有很大的影响。

（3）事务调度。与传统数据库系统中的数据调度不同，它不仅要满足并发环境下的可串行化要求，而且要满足对事物时间方面的要求，研究对执行时间估计的代价模型。

（4）体系结构。主动数据库的体系结构大多是在传统 DBMS 基础上，扩充事务管理部件和对象管理部件以支持执行模型和知识模型，并增加事件侦测部件、条件检测部件和规则管理部件。

（5）系统效率。系统效率是主动数据库研究中的一个重要问题，是设计各种算法和选择体系结构时应主要考虑的设计目标。

2. 并行数据库系统

并行数据库系统是在并行机上运行的具有处理能力的数据库系统，并行数据库系统是数据库技术与并行计算技术相结合的产物。近年来，数据库应用已经从商业事务处理迅速拓展到诸如超大型规模数据库检索、数据仓库、OLAP 联机数据分析、数据挖掘等应用领域。这些应用领域的特点是数据量巨大、查询计算复杂，对数据库系统的处理能力提出了非常高的要求，这些应用需求直接驱动了新一代高性能数据库系统——并行数据库系统的研制。

并行处理技术与数据库技术的结合，具有潜在的可行性。这是因为关系数据库是元组的集合，数据库操作实际是集合操作，许多情况下可分解为一系列对子集的操作，具有潜在的并行性。并行计算技术利用多处理机并行处理产生的规模效益来提高系统的整体性能，为数据库系统提供了一个良好的硬件平台，形成了并行处理技术与数据库技术相结合的并行数据库新技术。

并行数据库研究一直以三种并行计算结构为基础，它们是：①共享内存（主存储器）结构（简称 SM 结构）；②共享磁盘结构（简称 SD 结构）；③无共享资源结构（简称 SN 结构）。

3. 模糊数据库系统

模糊数据库系统就是指能够处理模糊数据的数据库系统。一般遇到的数据库都是具有二值逻辑和精确数据的。但是，在现实中还有很多不确定的模糊不清的事情。人们的大脑也是偏向于处理一些模糊的事件，对这些模糊事件更感兴趣。当一件东西太清楚地展示在人们面前时，大脑就失去了对事物进行探索的欲望。可以把不完全性、不确定性、模糊性引入数据库系统中，从而形成模糊数据库。自模糊逻辑提出以来，人们就对这个领域产生了极大的兴趣，模糊理论的应用也在不断扩大，作为流行的数据库更是受到了关注。研究模糊数据库的意义也是重大的。

随着模糊数学理论体系的建立，人们可以用数量来描述模糊事件并能进行模糊运算。在数据库系统中，也可以将数学上的这种成果如不完全性、不确定性、模糊性引入，从而形成模糊数据库。模糊数据库的研究主要有两个方面：①如何在数据库中存放模糊数据；②定义各种运算、建立模糊数据上的函数。模糊数的表示主要有模糊区间数、模糊中心数、模糊集合数和隶属函数等。

在模糊数据库中，如果把各记录值视为节点，把关系视为节点间的连线，一个模糊数据库就可看成一个复杂的网络。模糊数据库上的操作主要指从某节点到网上其他节点的移动。但由于要涉及很强的指针或游标来指示当前的位置，其复杂性会大大增加，所以发展前景也不乐观。

在模糊层次数据模型中，将树中的各节点"父子关系"和"兄弟关系"的亲密程度通过隶属值来实现。然而与模糊网络数据模型一样，其复杂性也限制了模糊数据库的发展。

模糊关系数据模型中，有元组模糊关系数据模型、模糊关系数据模型、集合值模糊关系数据模型和属性具有加权模糊值的模糊关系数据模型。其中属性具有加权模糊值的模糊关系数据库是一种对一般关系数据库模糊化最彻底的模糊数据库，并且是一种具有广泛应用的模糊数据库。

在模糊面向对象数据库中，对对象类的定义引入递归的概念，采用面向对象的描述方法，模块化强、结构化程度高，从而便于分层实现，有利于实际系统的开发。

4. 面向对象数据库系统

数据库的研究主要是对关系数据库的实现和应用，关系模式很容易理解，关系表中操作数据的形式大家也很熟悉，效率也很高。但是关系模型很难表达更复杂的语义，它不擅长于数据类型较多、较复杂的领域。随着数据库技术应用领域的进一步拓宽，要求数据库不仅能方便地存储和检索结构化的数字和字符信息，而且可以方便地存储和检索诸如图形、图像等复杂的信息，包括了复杂关系、数据类型的 CAD 数据库中的设计数据。若要在关系数据库系统中处理这些复杂的数据对象，则需要使用专门的应用程序把这些复杂的数据对象分解成适合于在二维表中存储的数据。面向对象的数据库则可以像对待一般对象一样存储这些数据与过程，这些对象可以方便地被系统检索。

在面向对象的方法中，对象作为描述信息实体的统一概念，把数据和对数据的操作融为一体，通过方法类、继承、封装和实例化机制来实现信息含义的存储和描述。因此，对象可以自然、直观地表达复杂结构对象，并用操作封装来增强数据处理能力。这样，人们开始以面向对象概念为基本出发点来研究和建立数据库系统，在数据库系统中全面引入对象概念的面向对象数据库便产生了。

面向对象数据库的实现一般有两种方法：①纯粹的面向对象数据库技术，构建面向对象技术的数据库；②在现有关系数据库的基础上增加对象管理的技术，从而实现面向对象数据库。由于面向对象数据库支持的对象标识符、类属联系、分属联系、方法等概念很难实现存储和管理，所以第一种方法实现起来成本比较高。因此，大多数人将目光转到改造和优化现有的关系数据库上，这种基于关系数据库实现的对象数据库又称为对象关系数据库。

对象关系数据库增强了关系数据库的数据管理能力，是对关系数据库的改进，同时也是对象数据库理论的一种实践应用。对象关系模型是指在关系数据模型的基础上增加了对复杂数据类型的查询规则。通过复杂数据类型管理，关系数据库中元组的属性可以是复杂的数据类型。这种数据库的演变模式是为了扩展现有数据库系统的建模能力，而不破坏已有的成熟的数据模型。基于对象关系模型的对象关系数据库系统为那些想在关系数据库中使用面向对象特征的用户提供了一个便捷的操作途径。

对象关系数据库系统集成了关系数据库系统的优点和面向对象数据库的建模能力，具有用户根据应用需要扩展数据类型和函数的机制，支持复杂数据类型的存储和操作能力。对象关系数据库系统增强了面向对象的建模能力，因此具有面向对象数据库的特征和优点，是目前关系数据库系统发展的一个新方向。

第三节　大数据在不同领域的应用创新

一、大数据技术在企业财务管理中的应用

(一) 大数据技术在企业筹资管理中的应用

企业筹资是指企业根据其生产经营、对外投资以及调整资本结构等需要，通过一定的渠道，采取恰当的方式，获取所需资金的一种行为。筹资管理作为企业财务管理的首要环节，对企业后续的投资管理、生产经营、利润分配起着至关重要的作用。云会计的发展恰好为企业筹资管理提供了良好的技术支持。

1. 基于 SaaS 的筹资决策

利用软件即服务（SaaS）来构建云会计的各类应用系统，具体包括筹资规模预测系统、筹资方式选择系统、筹资成本控制系统。

（1）筹资规模预测系统。企业预测筹资规模时需先测算留存收益、自然融资等企业内部融资需求量，再预测企业外部融资需求量。

第一，依据数据分析平台分析出的企业未来的销量、价格、销售净利率、留存收益率等指标，计算出企业新增留存收益金额。

第二，按照分析出的企业未来的采购量、价格、付款方式、敏感负债占销售额的百分比，测算出新增的自然性融资金额。

第三，根据测算的企业资金总需求量减去留存收益和自然融资提供的资金需求量，得出企业外部的融资需求量。

（2）筹资方式选择系统。企业的筹资方式包括权益筹资、债务筹资和混合性筹资三种方式。企业在选择具体筹资方式时需综合考虑各方面因素，其中包括：①依据数据分析平台提供的信息，判断投资者的投资意向和投入资产的估价信息，为能否选择吸收直接投资提供参考；②根据股票、债券等证券数据和企业的盈利指标、股利分配方案，判断能否发行普通股、优先股、企业债券；③对不同银行的信贷条件进行对比分析，为银行借款方式的选择提供依据；④对不同公司的融资租赁条件进行比较分析，为融资租赁方式的选择提供依据。

（3）筹资成本控制系统。企业对筹资成本的控制需做到资本成本最低化、资本结构最优化、筹资风险最小化。在筹资成本控制系统中，企业可根据筹资费、用资费、现金流量等信息，分别计算个别资本成本来比较不同筹资方式的优劣，计算加权平均资本成本来衡量资本结构是否合理，计算边际资本成本来判断是否需要追加筹资；根据每股收益、折现率、企业价值等信息，运用每股收益无差别点法和企业价值分析法来选择不同的筹资方式，以确保企业达到最佳资本结构状态；通过对经营杠杆和财务杠杆的分析计算，判断企业的经营风险和财务风险大小，适时调整销量、价格、成本、利息等指标，力求降低企业的筹资风险。

2. 基于 DaaS 的数据获取

利用数据即服务（DaaS）获取的与企业筹资决策相关的数据资源较为广泛，既包括企业内部 ERP 系统产生的财务状况、经营状况、成本习性、决策者的态度等结构化数据，又包括企业外部的财税政策、资本市场、行业因素、中介机构等半结构化、非结构化数据。

数据获取模块可借助物联网技术，通过图像扫描、条码识别、传感器收集等方式获取与筹资决策相关的大量数据，并通过数据传输模块传递到数据处理平台。

3. 基于 IaaS 的数据处理

利用基础设施即服务（IaaS）构建云会计的数据处理平台，该平台将数据层获取的数据运用 ETL 工具抽取、转载、加载到多个数据仓库中，并借助 Hadoop、HPCC、Storm 等大数据处理技术对各类结构化、半结构化、非结构化数据进行分析处理，最终存储于企业的 DBMS、File、HDFS 等数据中心。

4. 基于 PaaS 的数据分析

利用平台即服务（PaaS）来构建云会计的数据分析平台。该平台借助层次分析、TOPSIS 法、贝叶斯分析等数据分析方法和关联规则挖掘、决策树、人工神经网络等数据挖掘方法，将经过处理后的标准数据进行筛选、转换，从而分析出与预测筹资规模、选择筹资方式、控制筹资成本相关的信息。

5. 基于 HaaS 的服务器集群

利用硬件即服务（HaaS）来构建具备有效弹性计算能力的服务器集群，为基于云会计的企业筹资管理系统提供硬件保障。该服务器集群包括数据层的数据获取模块和数据传输模块，基础设施层的数据处理模块和数据存储模块，平台层的数据分析模块和数据挖掘模块，应用层的筹资规模预测模块、筹资方式选择模块和筹资成本控制模块。

（二）大数据技术在企业风险管理中的应用

1. 大数据技术在风险识别与评估中的应用

大数据技术在风险识别与评估中的应用正日益受到各行各业的重视。随着数字化时代的到来，大数据不仅为企业提供了更多的数据来源，还提供了更强大的数据分析工具，使得风险管理变得更加准确和及时。在各种领域，包括金融、保险、医疗、制造业等，大数据技术都在风险识别与评估中发挥着重要作用。

（1）大数据技术能够帮助企业从海量数据中快速、准确地识别潜在的风险因素。通过对大数据进行挖掘和分析，企业可以发现隐藏在数据背后的规律和趋势，从而及时发现潜在的风险。比如，在金融领域，大数据技术可以通过分析客户的交易记录、信用历史和行为模式等数据，识别出潜在的信用风险，帮助银行和金融机构做出更准确的风险评估。

（2）大数据技术还能够提供更精细化的风险评估模型。传统的风险评估模型往往基于一些静态的指标和假设，难以全面、准确地反映风险的真实情况。而大数据技术可以基于更多、更全面的数据，构建更复杂、更精细的风险评估模型，从而更好地把握风险的动态变化和复杂性。例如，在保险业，大数据技术可以通过分析客户的个人信息、健康数据、车辆信息等多维度数据，构建个性化的保险产品和定价模型，提高保险公司的风险管理能力。

2. 大数据技术在风险监控与管理中的应用

大数据技术在风险监控与管理中的应用是当今商业世界中至关重要的一环。随着信息量的爆炸性增长和数据处理技术的进步，大数据技术不仅仅是一种工具，更成为了企业实现风险管理和监控的核心手段。

（1）大数据技术为企业提供了更广泛的数据来源。传统的风险管理模型往往基于有限的数据集，难以全面、准确地把握风险情况。而大数据技术能够从多个渠道获取数据，包括社交媒体、传感器、互联网等，使得风险管理的数据来源更加广泛和多样化。通过整合和分析这些数据，企业可以更全面地了解外部环境和内部运营情况，及时发现潜在的风险。

（2）大数据技术可以帮助企业建立更精细化的风险模型。传统的风险管理模型往往基于统计分析和假设，难以充分考虑到风险的多样性和复杂性。而大数据技术可以基于更多、更全面的数据，利用机器学习和人工智能等技术构建更精细化的风险模型，更准确地预测和评估风险。例如，在金融领域，大数据技术可以通过分析客户的交易数据、信用记录和行为模式等多维度数据，构建个性化的信用评分模型，帮助银行和金融机构更好地识别和管理信用风险。

（3）大数据技术还可以提供实时监控和预警功能。通过建立实时数据监控系统，企业可以随时监测业务运行情况，及时发现异常情况并采取相应措施，以降低风险发生的可能性。例如，在制造业，大数据技术可以通过监测生产设备的运行状态和产品质量数据等实时数据，及时发现生产过程中的异常情况，避免因设备故障或质量问题而导致的损失。

3. 大数据技术在风险监管与合规中的应用

大数据技术在风险监管与合规中的应用是当今金融和法律领域中至关重要的一环。随着金融市场和法规环境的复杂化，监管机构和企业都面临着更多、更严格的合规要求。在这样的背景下，大数据技术为监管机构和企业提供了更强大的工具和方法，以更有效地进行风险监管和合规管理。

（1）大数据技术能够帮助监管机构和企业更全面地了解市场情况和风险状况。传统的监管和合规管理模式往往依赖于有限的数据来源和手工处理，难以充分把握市场的动态变化和风险的全貌。而大数据技术可以从多个渠道获取数据，包括交易数据、市场数据、舆情数据等，从而使监管机构和企业能够更全面地了解市场情况和风险状况，及时发现潜在的风险。

（2）大数据技术可以帮助监管机构和企业更精确地识别和评估风险。传统的监管和合规管理模式往往基于统计分析和规则引擎，难以应对数据量大、结构复杂的情况。而大数据技术可以利用机器学习和数据挖掘等技术，基于更多、更全面的数据构建更精细化的风险模型，从而更准确地识别和评估各种类型的风险，包括市场风险、信用风险、操作风险等。

（3）大数据技术还可以提供实时监控和预警功能。监管机构和企业可以建立实时数据监控系统，监测市场情况和风险变化，及时发现异常情况并采取相应措施，以降低风险发生的可能性。例如，在金融领域，监管机构可以通过监测交易数据和市场数据等实时数据，及时发现市场操纵、内幕交易等违规行为，保护投资者利益和市场秩序。

（三）大数据技术在企业财务决策中的应用

1. 大数据技术应用的具体要求

（1）以财务基本原理为指导。大数据技术在企业财务决策中的应用是以大数据技术为工具，依据财务的相关理论辅助企业管理层制订财务决策方案的过程。因此，大数据技术在企业财务决策的应用需要以财务基本原理为指导。其优势如下：

第一，基于最基本的财务分析和财务决策原理，大数据技术在企业财务决策的实际应用过程中就可以形成清晰可行的数据分析思路，从而选取适合的财务分析方法，为企业财务决策提供重要的参考价值。

第二，当财务分析结果与事实不符时，可以基于财务基本原理对照大数据平台中的模型公式，对模型中的数据参数进行修改，从而降低企业管理人员财务决策失误的可能性。

第三，大数据技术在企业财务决策中的应用过程具备扎实的理论基础，使得财务分析结果能够真正为企业财务决策人员所用、数据分析结果真正发挥出价值。

（2）智能化原则。智能化是大数据技术应用于企业财务决策过程中的重要实现目标。具体表现如下：

第一，实现数据的数字化管理。企业财务管理人员应充分利用大数据处理技术将企业能够获得的所有数据信息以数字化的形式进行存储，确保基于大数据技术的财务决策平台能够及时、有效地对数据进行分析，同时根据分析结果为企业财务人员的决策制订提供支持。

第二，基于大数据技术的企业财务决策平台应该与企业内部所有部门的信息系统进行连接，同时与所有子公司的财务数据和非财务数据仓库进行对接，实现企业内部信息数据和外部信息数据的连通，真正实现企业财务决策平台的智能化管理。

2. 大数据技术应用的可行性分析

由于传统财务决策存在的局限性和大数据技术在企业财务决策中的应用优势，在企业现有财务决策平台中引入大数据技术是非常有必要的。但是在实际应用之前，企业相关部门需要先进行可行性分析，对基于大数据技术的企业财务决策平台的构建从技术和经济方面的可行性进行考察。

（1）技术方面的可行性分析。从硬件系统上看，计算机硬件技术的发展升级为企业财务决策平台提供了基础的硬件保障；从软件系统上看，数据仓库、智能财务系统等在内的数据软件为多样化、智能化的财务决策平台提供了先进的软件支持。

就大数据技术来说，大数据收集技术的应用，使得企业对于非结构化数据的采集处理具有较强的可实现性，很大程度上提升了企业对非结构化数据的利用价值。互联网系统和智能终端的发展，也拓展了企业获取非结构化数据的信息渠道，丰富了企业的数据信息基础，提高了企业财务决策的准确性。企业管理人员运用大数据处理技术可以帮助企业更好地分析经营业务数据和财务活动数据，充分挖掘出这些数据背后的潜在价值，为企业的财务决策方案提供依据。

（2）经济方面的可行性分析。在现代企业生产经营活动过程中，企业管理人员做出的任何决策都离不开成本效益的比较评价，因此，基于大数据技术进行财务决策同样要考虑经济效益原则，降低企业成本，充分、合理地利用企业现有资源。将大数据技术引入企业财务决策过程中，一方面，能够利用大数据收集技术获取企业财务决策所需要的各种类型数据，然后利用大数据分析与挖掘技术，发掘数据资源的使用价值，辅助企业进行精准有效的决策，为企业创造更大的收益；另一方面，大数据技术主要涉及软件系统开发，企业数据的获取可以通过与企业内部系统和互联网进行连接，无须投入更多的资本购买新的硬件装备。企业数据的分析和处理只需在系统软件上进行。

3. 企业财务决策平台的结构设计

企业财务决策平台结构的总体框架主要包括：①基于企业内部的财务系统、外部系统和其他相关网站来获取企业内部各部门、供应商、客户、产品、同行业其他企业等数据；②将收集的原始数据进行加工处理，存储到数据仓库中；③利用大数据技术分析方法对处理后的数据进行分析与挖掘，根据财务分析结果制订最优的财务决策方案；④将输出的结果以可视化的形式进行展示。

（1）数据收集层。数据是企业管理人员进行决策的基础。大数据技术的使用，解决了企业传统财务数据分散和滞后的问题，通过对企业的综合核算数据和业务数据进行集成和实时更新，使得企业人员决策的数据基础更加稳固。基于大数据技术获取的原始数据主要包括以下类型：

第一，财务类数据。财务类数据主要包括财务报表数据和财务能力指标数据。

第二，业务类数据。业务类数据是企业日常生产经营活动中产生的非财务数据，主要包括供应商的基本信息、客户基本信息、订单合同等非结构化数据和企业销售额、生产成本等结构化数据。

第三，政策类数据。政策类数据主要是企业人员从外部获取的数据，主要包括财政法律法规、会计政策、会计制度、财务准则等宏观环境数据和政策性数据，经过简单的数据分类后存放到数据收集层。

（2）数据存储层。由于财务类数据在金融数据库中是公开的、可获取的，可以直接从数据库导出相关财务数据报表和财务能力指标数据，然后通过连接接口导入企业财务决策支持平台中。在数据存储处理的过程中，需要构建以下类型的数据仓库：

第一，原始数据仓库。原始数据仓库主要包括财务类数据、业务类数据和政策类数据，通过对这些数据分类汇总，构成完整的原始数据仓库。

第二，方法数据仓库。方法数据仓库主要包括财务分析方法、财务决策方法、财务指标的计算公式等各种方法和算法，以及企业管理人员的历史财务决策方案数据。企业管理人员在后续进行相关财务决策时可以借助这些财务决策经验措施来辅助新的财务决策方案的制订。

第三，模型数据仓库。模型数据仓库主要包括财务分析、财务预测和财务决策的数据模型，比如杜邦财务分析体系、沃尔森财务分析评价体系和相关财务指标的趋势分析模型等。

（3）财务分析层。通过利用模型数据仓库中的各种财务分析模型对原始数据仓库中的数据进行提取和分析，根据分析结果为企业管理人员提供相关的财务决策支持。

企业财务分析结果是用来评价企业经营状况和财务状况的重要标准，是企业管理者、股东、投资方、债权人制订相关决策方案的重要凭据。基于大数据技术应用下的企业财务分析是以原始数据仓库中的数据为基础，采用方法数据仓库和模型数据仓库中的技术方法和技术模型，对企业过去和现在的经营情况和财务状况进行分析和评价，为企业管理者制订精准有效的财务决策方案提供依据。

财务分析层可以分为以下模块：

第一，报表结构分析模块。财务能力分析分为三个子模块：①资产分析模块，主要包括资产结构分析、货币资金的变动情况分析、存货分析和应收账款分析等；②负债分析模块，主要包括负债结构分析、流动负债和非流动负债的变动情况等；③股东权益分析模块，主要包括股东权益构成情况分析和实收资本分析等。

第二，财务能力分析模块。财务能力分析模块分为六个子模块：①盈利能力分析模块，主要包括对总资产报酬率、净资产收益率和销售利润率的变动情况分析等；②偿债能力分析模块，主要是对资产负债率、流动比率和速动比率的变动情况分析等；③营运能力分析模块，主要是对资产周转率、应收账款周转率和存货周转率的情况分析等；④成长能力分析模块，主要是对资产增长率、股东权益增长率的变化情况分析等；⑤现金流量分析模块，主要包括现金的总流入分析、现金的总流出和经营活动现金流量净额变化情况分析等；⑥资本结构分析模块，主要包括自有资本比率变动分析、流动资产构成比率变动分析和流动负债构成比率变动分析等。

第三，业务分析模块。业务分析模块分为三个子模块：①生产分析模块，主要包括对原材料、职工薪酬和费用要素的变化情况分析等；②销售分析模块，主要是对产品销售额、广告宣传费用变动情况分析等；③存货分析模块，主要包括存货数量和存货方式的变动情况分析等。

第四，市场分析模块。市场分析模块主要包括行业竞争对手分析、行业政策变化分析和市场份额的变化情况分析等。

（4）决策支持层。

第一，经营决策支持。企业的经营决策一般包括生产决策、销售决策和存货决策等。

从生产决策来说，可以结合该产品以往的销售情况和当前的库存情况决定最佳的生产数量，降低因产品生产过多而产生的不必要的成本花费。因此需要对产品的销售数量和库存数量做趋势分析，预测未来的生产数量，辅助制订生产决策方案。

从销售决策来说，可以选取原始数据仓库中的产品销售额、销售成本、销售费用、广告宣传费用等业务类数据作为财务分析的核算指标。随后通过趋势分析方法在财务决策支持平台展示产品销售额变化趋势图和产品成本费用的趋势对比图等，辅助企业管理人员制订最优的销售决策方案。

从存货决策来说，企业的存货决策主要涉及的是材料和产成品的决策，主要是为了确定合理可行的经济订货量和何时订货才是最有利的时机，以达到在存货上耗费的总成本最小的目的。但企业在下一年度产品销售量的不确定性使得存货决策方案的制订成为问题。企业管理人员可以借助以往存货决策支持数据库的信息，并对历史销售数据、存货数量以及用户调研数据，运用决策树方法帮助企业管理人员确定需求量的变化范围和发生概率，并提供最优方案的参考数据。

第二，投资决策支持。大数据技术在企业投资决策分析的应用过程主要有四步：①结合企业发展的短期目标和长远规划，确定当前企业发展过程中最需要投资的目标对象；②结合数据仓库中的企业面临的内、外部投资的宏观经济环境数据、行业变化趋势数据，以及同行业竞争对手的相关市场信息数据，结合模型数据库中的分析模型对企业项目的投资风险和投资成本进行分析，尽可能地使投资风险和投资成本最小化；③基于对时间价值因素的考虑，结合数据仓库中的净现值、现值指数等相关财务指标，对此次项目的投资收益进行预估；④对照方法数据库中历年来企业投资决策的具体实施情况，对现有的投资决策方案进行评价，从中选取最优的投资决策方案。

在投资决策中，需要分析投资项目的基本类型，评价投资的资产组合因素，深入分析投资决策指标，模拟投资过程，制订投资决策和风险防范措施。具体包括：①根据企业内部每年的历史数据对企业的资金组成结构和使用情况以及变化趋势等方面分析；②从时间、财务指标、同行业情况、市场定位、消费者偏好、负债情况等维度对投资环境的变化趋势分析，并从时间、行业分类等维度对投资报酬和风险等方面分析；③对投资收益进行预测，采用净现值法、内含报酬率法、回收期法、净现值率法等模型对不同投资项目评价；④结合方法数据库中的以往历史数据判断，选择最优的投资项目。

第三，融资决策支持。大数据技术在企业融资决策的应用一般包括企业对融资时间的选取、融资渠道的选择、融资金额的考量、融资成本的计算和融资风险的预估。在融资决策的实践应用过程中，要对财务类指标进行分析，如资产结构、资金的使用情况和当前企业的债务结构等，然后对于企业管理人员进行融资所带来的融资成本、资金获取时间的长短和融资方式的选择等方面进行考量，分析不同的融资方案给企业带来的风险。在对所有因素进行综合考量后，选择出最优的融资决策方案。

在融资决策中，企业财务人员需要先对企业的资产情况和负债情况进行分析，通过建立资产结构、债务结构等多个模型分析企业的资产构成和债务构成，为企业选择合适的融资方式提供决策依据。大数据技术在企业融资决策的应用过程中，改变了传统化单一的融资模式，充分利用大数据技术的优势，将收集到的资本市场信息、行业政策等外部信息汇总到信息平台，帮助企业拓宽融资渠道，比如存在企业重组兼并、发行公司债券等多种形式，降低企业的融资成本，提升企业的经济效益。

第四，利润分配决策支持。将大数据技术应用到企业的利润分配决策过程中，应从三个方面进行考量：①在满足企业日常生产经营活动和财务状况良好的条件下，着重考量企业经营活动产生的现金流量、资产结构和资产流动性所带来的影响；②基于股东实际控制权的考量，即在企业日常发展保持稳定的情况下，对股东的实际收入和控制权进行实际考量；③基于对债权人利益的考量。企业在对股东进行利润分配之前，需利用企业的现有盈利资金先偿还债务，保护债权人的合法权益。

4. 企业财务决策平台的功能需求

将大数据技术引入到企业财务决策过程中，主要是为了利用大数据技术更好地实现财务目标，辅助财务管理者制订财务决策方案，提高财务决策效率。通过对企业经营过程中财务数据和业务数据的分析，能衡量企业经营状况和财务状况，从而辅助企业管理层及时做出科学的决策。在企业财务决策过程中，需要对企业内部资金进行预算管理，尤其在制订投资决策方案时，企业管理人员要对企业内部自由现金流量进行精准预算，以发挥出更大的价值。因此，构建的财务决策支持平台应包含以下功能：

（1）财务指标分析。财务指标分析功能是企业财务决策支持平台的基础功能。企业决策人员通过对相关指标进行财务分析，辅助企业管理人员进行决策方案制订。基于大数据技术的财务指标分析功能对于传统的企业财务分析而言，所具备的主要优势如下：

第一，实现数据的实时分析。在大数据技术的应用环境下，企业财务分析所依赖的数据是数据仓库中的数据，能够在数据源头上对数据实时进行更新，实现实时数据的财务分析。

第二，提高企业财务分析结果的精确度。大数据获取技术的应用使得企业能够尽可能地获得所需要的数据，通过大数据处理技术能够对数据进行更好的处理，保证数据的完整性，从而使得财务分析结果更加精准。

第三，实现不同企业间实时财务指标对比。大数据技术的应用使得企业财务信息系统拓展了数据源，接入了税务、审计、互联网等外部系统，因此，可以提供不同企业间实时财务指标对比功能。

财务指标分析一般可以分为报表结构分析和财务能力分析。报表结构分析主要是基于企业资产负债表、利润表和现金流量表数据进行分析，研究企业的资产结构、负债情况、股东权益结构等；企业的财务能力分析主要可以从盈利能力、偿债能力、营运能力、成长能力、现金流量和资本结构这六个方面进行分析。

（2）财务预测预算。财务预测预算是企业管理人员制订科学决策方案的前提。财务预测是基于企业生产经营活动和财务活动中的历史数据来预测该指标数据在未来一段时间内的变化情况，比如对企业盈利能力的预测，就可以结合财务报表中的相关盈利能力的指标进行分析，预测企业在未来一段时间内的经营状况。

财务预算就是在对财务数据、非财务数据经济指标未来预测的基础上，对企业在产品生产成本、销售费用、投资成本等方面进行预算估计，主要目的是对企业未来资金、成本、盈利水平进行测算，便于企业管理人员进行财务决策。

引入大数据技术之后，企业的财务预测和预算系统可以进行实时的动态更改，换言之，某一个指标的预测或预算输出后并非系统对该指标的预测或预算值就固定不变了，而是系统一旦检测出有新的数据会对该指标的预测预算产生影响，后台就自动对该指标进行新的预测预算估计，并将预测预算结果实时输出。基于大数据技术对企业经营情况和财务状况进行预测，要注意三点：①财务管理人员要对企业日常经营活动和财务活动所产生的时间序列数据进行平稳性检验，并对异常值和缺失值进行标准化处理，充分保证数据的完整性；②调取模型数据仓库中的时间序列分析模型和趋势分析模型，结合处理后的数据，对企业的财务状况和经营状况进行科学预测；③结合资本结构、现金流量等指标，预估企业的资金需求量，根据时间序列分析模型和趋势分析模型对企业在未来一段时间内的经营状况和财务状况进行科学评估。具体从以下能力方面的财务预测目的和过程进行分析：

第一，偿债能力预测。对企业的偿债能力进行预测是为了衡量企业是否具有按时偿还到期债务的能力。企业的偿债能力越强，企业就能更容易地从债权人借取资金用于企业的生产经营活动，优化企业的资金结构。基于大数据技术下的时间序列分析方法预测企业的偿债能力，既可以清楚地知道企业当前的债务结构，又可以在未来一段时间内通过调整资本结构来降低资金的使用成本。对企业的偿债能力进行预测，可以基于短期偿债能力和长期偿债能力的时间特性，将流动比率和速动比率作为预测企业短期偿债能力的财务指标，又可以将资产负债率和利息保障倍数作为预测企业长期偿债能力的财务指标。

第二，营运能力预测。对企业的营运能力进行预测是为了反映企业合理运用现金资产的能力。企业的营运能力越强，说明企业运用现金资产的能力越强，能为企业带来尽可能大的效益价值。在大数据技术条件下对企业的营运能力进行预测，可以选取应收账款周转率、存货周转率、流动资产周转率等指标，综合时间序列分析和趋势分析法。假如财务预测的结果表明企业生产活动的资金周转速度快，企业的营运能力强，在一段时间内企业获得的经济效益也大，则说明企业对于资金的使用效率高。

第三，盈利能力预测。对企业的盈利能力进行预测是为了衡量企业在一段时间内的经营状况的优劣。假如企业在该段时间内的盈利能力较强，则说明企业的发展趋势很好，有良好的发展前景，企业获取的利润可以为未来的企业发展提供有力的资金支持。同时也会吸引投资者对企业的生产经营进行投资，为企业带来更大的效益价值。基于大数据技术下的时间序列分析方法和趋势分析法对企业的盈利能力进行预测，可以选取总资产报酬率、净资产报酬率、销售净利率等财务指标作为预测的分析指标。

第四，成长能力预测。对企业的成长能力进行预测是为了衡量企业未来的发展速度和进步空间。企业较强的成长能力往往伴随着企业公司规模的不断扩大、业务范围的不断拓展、市场占有率的持续增加。在大数据技术条件下，基于时间序列分析方法和趋势分析法对企业的成长能力进行预测，可以选取营业增长率、总资产增长率、自由现金流量等财务指标作为分析预测的指标。通过对企业成长能力的预测分析，考察企业在未来的生产经营活动和财务活动中自由现金流量的变化趋势，预测企业在未来的融资活动和筹资活动所产生的自由现金流量的多少。

（3）财务决策支持。财务决策支持功能是大数据技术应用在企业财务决策过程中的最根本的功能体现。在以往的财务决策制订模式下，企业决策人员除了依据基于会计核算数据的财务分析结果，还凭借自身多年的财务决策经验进行财务决策方案的制订，具有一定的片面性和主观性。而将大数据技术引入企业的财务决策过程中，使得企业财务决策更多地依赖于对企业数据的处理分析，基于财务分析结果制订更为客观精准的财务决策方案。同时基于决策数据仓库中的以往的数据信息和数据模型，可以为企业管理者进行决策方案制订时提供参考依据。

基于企业财务决策内容分类的角度，企业的财务决策支持功能一般包括四个方面：①经营决策支持；②投资决策支持；③融资决策支持；④利润分配决策支持。

第一，经营决策支持。企业的经营决策可分为生产决策、销售决策和存货决策等。

生产决策一般包括产品的生产计划决策和生产成本决策这两部分内容。企业的生产计划决策是基于企业管理者签订的产品生产合同上的交货日期等指标的分析结果制订产品生产计划的安排方案和执行方案；产品的生产成本决策可以从原材料成本、制造车间工人的薪酬、车间的投入产出等指标进行财务分析，辅助企业管理人员制订科学、有效的生产成本决策方案，从根本上降低企业的生产成本，实现企业利润的最大化。

销售决策是基于产品库存、产品销售额、应收账款、主营业务收入和销售费用等指标进行分析，绘制销售额趋势图、产品库存趋势图等，辅助企业管理人员进行销售决策方案的制订过程。

存货决策是基于对库存商品数据的统计分析，发现存货数量的变化趋势图。若产品存货积压过多，导致企业资金周转率低，会给企业带来潜在风险。因此，企业管理人员可以调整库存结构，制订低价格战略的存货决策措施，通过薄利多销的方式把存货销售出去，解决企业潜在的问题。

第二，投资决策支持。企业的投资决策是利用企业内部的闲置资金，投资企业项目，期望为企业带来较优的投资收益的决策过程。投资决策的一般过程是要明确投资的目标对象、确定投资方向，然后对企业内部的资金结构进行分析来制订切实可行的投资方案。最后组织企业的相关决策人员对备选的投资方案进行评价，并结合投资风险和企业自身发展的需要，确定投资决策方案。

第三，融资决策支持。企业的融资决策是基于企业实际发展的需要，企业决策人员选择合理的融资金额和融资方式，降低企业的财务风险的过程。通过对企业资产负债率、资金结构等指标进行分析选择适当的融资金额，提高企业的资金周转率，通过向银行借款、在股市市场发行股票和在债券市场发行债券等方式进行融资，降低企业的资金使用成本。

第四，利润分配决策支持。企业的利润分配决策是企业管理人员在年底根据当年企业的盈利情况，同时考虑到企业的长远发展需要，制订股东利润分配方案的过程。利润分配决策一般涉及股东之间分配比例和分配方式等决策方案的制订。

二、大数据技术在高校教育管理中的应用

(一) 高校大数据教育管理的一般性分析

1. 高校大数据教育管理的基本特征

(1) 科学性。在教育决策方面，利用大数据技术能增强高校教育管理的科学性。高校教师的科研数据、教学数据、评奖评优数据、参加各类大赛数据及其生活、作息、交友、娱乐等数据，它们之间及它们与学校的管理机制、制度及投入等都有着诸多关联，这些数据背后都隐藏着规律。比如可以通过对科研成绩斐然的教师的作息和科研之间的关系、兴趣爱好与科研之间的关系、教学成效与科研之间的关系等诸多维度进行数据关联分析，建立数据模型，寻找其中规律，为科学决策提供依据，从而更好地制订学校科研政策、教学管理制度及评价制度。

高校教育管理大数据对于学生的学习与需求、舆情监控及科学决策有着重要意义。学生的学习成绩、能力素质、上网习惯、图书借鉴、就餐情况等之间存在某种关联，通过数据分析，寻找这种关联和规律，增强教育管理的科学性，从而收到"事半功倍"的效果。

(2) 及时性。"智慧校园"的前提是教育管理信息化，大数据技术是高校教育管理智慧之道的依凭。高校教育管理大数据是即时的、当下的，具有预警性，这为教育管理者抓住关键时期开展工作提供了技术保障。在网络深度

覆盖的校园里，师生活动处处有数据、有信息，形成空前的数海，其中的信息暂不考虑其现象是否与本质完全吻合，但是一些异常的信息和规律性的信息总是会在海量数据中涌现出来。

对异常的信息，通过相应数据技术设立容忍度和临界点，使之达到界限后启动报警系统，最终起到防患于未然的作用。学生的交际问题、学业问题、就业问题、感情问题及经济问题等，都必然会通过网络时代的各种媒介得到展示与宣泄，而高校利用大数据技术，可以做到因势利导、超前谋划，及时预防和处理危机事件，将相关损害避免或减少。

（3）差异性。高校大数据教育管理的及时性、科学性是从宏观来讲的，而高校大数据教育管理的个性化，则是从微观来讲的。因材施教、个性化管理和多样化人才培养一直是教育的理想，高校教育管理对象具有差异性。尊重大学生的个性特点、兴趣爱好、能力差异、家庭背景差异等，是高校教育管理者做好教育教学管理和服务工作的前提。尊重是爱、尊重是方法、尊重是境界。

大数据教育教学资源，可以为学生量身定做适合个性特征的培养方案和课程清单，让学生突破时空限制，享受高质量的教育教学资源。大数据时代个性学习，不仅对于个体有着显微镜的功能，同时也可以预测学生群体活动的轨迹和规律，为高校教师改进教学提供有效反馈。因此，大数据技术是高校精准教育、精准帮扶的重要保障。

（4）互动性。基于大数据的高校教育管理克服传统教育管理中的单向度，实现师生的互动，从而产生互动效应。互动效应在心理学上指两个或两个以上的个体通过相互作用而彼此影响从而联合起来产生增力的现象，亦可称之为耦合效应，也称之为互动效应或联动效应。一般来讲，赋予积极的感情行动，将会收获积极的感情反应。

在大数据教学平台上，高校教师与学生可以即时互动，答疑解惑、传道授业，对于学生做题的速度、学习的进度，教师都可以实时监控，做出处理，其他学习者也可以做出解释和指导。在这样的学习互动氛围中，信任、支持、谨慎、勤奋及求精等情感信息释放，从而在整个群体中产生积极互动效应。对于思想政治教育工作来讲也是如此。

（5）整合性。高校大数据的整合包括高校内部和高校外部资源的整合。

只有整合资源，才能使资源的利用价值最大化。高校通过大数据技术可以很好地实现资源整合。初级层次的资源整合是介于学校内部各部门、各单位之间的数据资源整合，通过大数据平台的建设，可以打破部门数据分割、实现数据共享、促进数据公开和流通。高校之间及区域之间的大数据平台建立是资源整合的高级层次，这对于促进整个地区乃至国家的教育发展、资源节约具有重要的战略意义。

（6）权变性。权变管理的核心思想就是"以变制变"。管理没有定法，管理只能根据外部环境和内部要素的变化而采取不同的方法策略。对学生教育教学管理没有一劳永逸的万全之策，也没有放之四海而皆准的适用公理，更无适应一切学生的万能公式。学生的学习数据、教师的教学数据、管理人员的行为数据、监控里的安全数据等，都是动态的、实时的，形成一股股信息流，一切都是不断向前流动的过程，故而"变"是高校教育管理永恒的主题。这就要求高校教育管理人员要及时掌握管理对象、管理内外部环境的变化情况，研究各种变化的趋势和规律，并研究各种变化之间可能的相互作用及后果，从而提前决定采取科学、适宜的有效方式来应对。

2. 高校教育管理大数据的类型划分

大数据技术是高校教育管理由传统的科学管理向文化管理进化的重要力量，随着高校大数据平台建设，教育信息技术在校园的广泛运用，高校教育管理大数据呈现多样化、复杂化、动态化的趋势。从不同的角度划分，高校教育管理大数据具有不同类型。

（1）按性质划分。按性质划分，我国高校教育管理大数据可分为结构化数据、半结构化数据和非结构化数据。

第一，结构化数据是工整的数据，其可以用二维表的结构来进行逻辑表达，属于关系型数据。

第二，非结构化数据包括所有格式的办公文档、文本、图片、智能硬件结合数据、标准通用标记语言下的子集 XML、HTML、各类报表、GPS 数据、图像和音频 / 视频信息等教学资源，不适合用二维表存储。

第三，半结构化数据，既不属于结构工整数据，也不属于非结构工整数据，而是介于二者之间的数据，如 HTML 文档就属于半结构化数据。半结构化数据一般是自描述的，数据的结构和内容混在一起，是用树、图来表达的数据。

（2）按来源划分。按数据来源划分，我国高校教育管理大数据可分为以下类型：

第一，来自教育系统内部，与教育教学有关的数据，包括高校教学、科研、人事、学工、党团、后勤、图书等部门产生的大数据，这是教育管理大数据的主要来源；根据数据产生部门，也可把高校教育大数据分为四类：教学类数据、管理类数据、科研类数据以及服务类数据。

第二，来自外部数据源的数据，特别是互联网和社交媒体产生的数据。随着 Facebook、腾讯 QQ、微信及微博等社交媒体的发展和移动 5G、宽带及局域网的发展，大学生网络化存在趋势加剧，24 小时挂网活动现象不断增加，与此同时产生的大数据也在不断增加。

（3）按主体划分。按采集业务划分，我国高校教育管理大数据可分为学生教育管理类大数据、教师教育管理类大数据、综合教育管理类大数据和第三方应用大数据四类。

第一，学生管理类大数据，主要来源于学生的学习和生活及社交数据活动，诸如学生的基本信息、考勤、作业、成绩、评奖评优、参加的各级各类活动表现及学生网络轨迹及表现等。

第二，教师管理数据，主要包括教师基本信息、备课教案、课堂教学、作业批改、答疑解惑、科研数据、评奖评优、进修培训、参加的各类活动数据及社交活动、网络活动数据等。

第三，综合管理类数据，包括学校基本信息数据、学校各项评比类数据、学校各项奖励等。

第四，第三方应用类大数据，包括金融缴费、教学资源、生活服务、云课堂、微课及 MOOCs 资源等。

（4）按数据结构划分。高校教育管理大数据的结构可分为四层，从内到外分别是：基础层（教育基础数据）、状态层（教育装备、环境与业务的运行状态数据）、资源层（各种形态的教学资源）和行为层（教育用户的行为数据）。一般而言，基础层和资源层数据属于结果性数据，状态层和行为层数据属于过程性数据。

第一，基础层大数据，主要包括人事系统、学籍系统、资产系统数据等，主要服务于高校管理者宏观掌握高校发展状态科学决策，一般是结构性数据。

第二，状态层数据，在智慧校园中主要靠传感器获取，主要服务于高校管理者掌握各项教学业务运行状况，优化教育环境。

第三，资源层数据，主要以非结构化数据为主，主要包括网络教学资源（以 MOOCs、微课、App、电子书等形式存在），也包括上课过程中产生的笔记、试题等动态生成性资源。

第四，行为层数据，包括教师行为和学生行为数据，教师行为数据占主体，主要服务于个性化学习、学习路径推送、行为预测和发展性评价。

（二）大数据在高校学生管理中的应用分析

1. 大数据技术与高校学生管理的契合

（1）行动目标相契合。大数据赋能的根本目标是将大数据融入组织管理逻辑，以实现目标绩效为导向，通过大数据技术驱动和应用，促进组织高效运转和持续发展，提升组织管理效率。从实质上讲，高校也属于科层组织，其目的就是提高管理能力和管理效率。将大数据思维和方法融入高校学生管理工作之中，增强高校学生管理的系统性、协同性和连贯性，建立"共治共享"的高校学生管理共同体。将大数据赋能运用到高校学生管理场域当中，能够推动各个高校学生管理主体利用大数据技术，形成新的管理共识和厘清管理目标，从而将目标转化为具体的行动实践。

（2）主体驱动机制相契合。从大数据赋能视角出发，由领导层建立大数据赋能的制度体系，营造大数据赋能的组织氛围，借助大数据技术激发组织内各个部门和成员的主体能动意识，进而形成相互协作的分工体系。高校学生管理场域中也涉及高校机关部门、教师管理人员、普通学生等多元主体，将大数据赋能理论运用到高校学生管理中，有利于明晰各主体间的角色与功能定位，激发形成协同共享的工作体系，形成以领导引领和行动驱动的双向核心管理模式。

（3）行动路径相契合。二者都强调以自上而下的方式赋能组织成员。大数据赋能理论的实现途径是借助大数据技术来优化组织部门结构，赋予部门成员更大的参与权和决策权，进而增强组织成员的效能感，更好地达成组织任务目标。高校学生管理的实践路径同样是以发挥学校党委和学校部门的主导作用为前提，二者都强调以自上而下的方式赋能组织成员利用大数据技术，充分发挥高校多元主体的治理功能，提高高校学生管理工作实效，进而逐步形成开放多元、互利共赢的高校学生管理协同大格局。

2. 大数据在高校学生管理中的应用价值

在大数据技术的加持下，高校学生管理的工作手段和方式更加灵活，高校学生管理的工作覆盖面更加广泛，育人功能更加凸显，管理主体更加协同，极大创新了高校学生管理，提升高校学生管理主体合力和现代化水平。

（1）驱动多元主体协同。高校学生管理过程，主要包含学生管理政策制定者、学生管理执行者、学生管理遵守者三个主体，具体主要指学校学工管理部门、院系学工队伍和学生群体等。但由于信息不对称、政策执行偏差、学生个性化凸显等因素，各主体之间缺乏管理的协同性、系统性和连贯性，学生管理呈现"碎片化""条块化"现状。

大数据技术赋能高校学生管理，将开放互动的互联网思维应用到学生管理之中，创新优化了高校学生管理各部门间及其内部的信息传递模式，推动了高校学生管理机制从层级权威转向数据引领，推动了学生管理方式条块分割从主动协同、单一部门负责转向多元协同。学生个体也成为学生事务管理的参与主体，数据信息传输迅速，各主体能够及时反馈沟通自身需求和意见，借助大数据平台，能够快速、及时地掌握各类信息数据和资源，了解当前政策方向和改进之处，及时反馈协调各管理主体，减少管理中的矛盾和冲突，构建平等、互动的管理协作模式，共同形成决策方案。

大数据时代，高校学生管理面临的是比以往更具开放性、多样性和复杂性的管理环境。这不仅要求高校学生管理及时创新管理方式方法，同时也为高校学生管理能力创新发展提供了新的管理思路和技术工具。随着大数据赋能高校学生管理实践的不断深入，高校主管部门、院系学生管理主体的大数据治理思维也在不断加强。

在高校学生管理的各方面，融入大数据思维，形成高校学生管理的协同效应和整体治理实效，使得大数据赋能高校学生管理在提高学生管理工作效能的同时，也因高校学生各主体间的交互协同关系的加强，而引起高校学生管理结构向扁平化转变，推动高校学生管理创新发展。

（2）促进服务精准实施。不同于其他管理活动，高校学生管理的对象主体为高校学生。学生思维活跃、自我意识强，学生主体的个性化需求也不断增多，同时伴随网络和社会环境变化的不断加快，高校学生管理过程也更加复杂。借助大数据赋能，深度挖掘分析学生学习行为数据、校园生活行为数据等，精准刻画学生数字档案，细致了解每一个学生的学习风格、生活习惯、心理动态等，精准制订学生个性化发展方案。同时，根据高校学生管理目标的不同，管理者可以运用大数据技术，以数据挖掘、可视化等形式，精准筛选学生信息，能够从海量数据中及时抓取到有价值的数据信息，实现点到点、面到点的个性化服务。

大数据可以提高数据传输速度，同时减少信息在传递流程中的数据失真和数据流失，能最直接地了解管理对象需求，从而精准实施管理行为、优化资源配置、增强高校学生管理的精确化。随着科技网络的发展，打破了传统人类社会的现实空间局限，在网络虚拟空间社会里，人与人之间的关系被重新构建，使得大量分散的数据资源在网络空间集聚，形成规模效应，将闲置数据资源变成了可交易的数据资源，从而构成以数据为核心联结的新型关系网络。

借助大数据技术，高校学生管理能够实现对数量庞杂、类型多样、价值密度低的高校学生大数据资源进行快速处理，精准匹配供需双方需求，使高校学生大数据资源的利用率得到有效提高，并且能够实现对学生个体数据的精准抓取和服务管理，推动真正实现高校学生管理的全面管理服务的价值目标。以数据和运算为核心的大数据技术的运用，对学生管理过程中产生的多类型、跨维度的数据资源进行挖掘分析，并对各治理主体进行不同程度的数据赋能，提升数据与信息在治理场景中的应用价值。

大数据技术在高校学生管理中的应用，在很大程度上解决了管理过程中信息不对称的基本问题，改变传统高校学生管理结构中各职能部门之间的条块分割关系，使得彼此互联互通、数据共享、精准化沟通更加便捷，促进多元管理主体之间协同合作，将高校学生管理中各自的比较优势充分发挥，针对学生管理难题形成共同方案，促进高校管理决策精准、管理高效和措施有效。大数据赋能高校学生管理，为创新学生管理方式提供了核心技术支撑，能够有效提高学生管理的治理难度，使得学生个体的管理服务能精准施策。

（3）激发资源调配动能。大数据为高校把握学生动态和部门协作提供了窗口，大数据挖掘和分析数据速度较快，能够及时、快速地了解和评估高校学生管理中的突出问题和风险，同时协调多方资源，共同探究科学针对性措施，以最快的速度发现问题、解决问题，极大提升了高校学生管理效率。借助大数据技术赋能促进高校学生管理的高效化，有利于推动学生健康成长，个性化、全面化发展。大数据的精准分析促进了精准高效的学生管理的实现。

大数据为高校学生管理开辟了快速获取信息的新路径，利用人脸识别、图像识别、智能传感等智能技术，使以往难以归集的师生关键数据资源，得以有效整合，在与学生密切相关的学工、后勤、教务、学院等高校各管理主体间，实现跨部门、跨层级、跨系统数据流的智能监测分析，借助大数据算法对体量巨大的数据进行价值挖掘和分析整理，提高数据分析的高速度和精确度。借助大数据对高校学生管理的治理结构进行调整和优化，治理工具的创新是高校学生管理效率提高的关键要素。

通过大数据对学生信息进行精准、动态、科学的分析，提升信息数据的处理效率，实现数据资源高速度、高质量地转化为数据价值，为高校学生管理各个部门和主体之间划分权责、高效互动提供了技术和数据支撑，同时可以利用知识图谱等技术和工作留痕等方式，将抽象学生管理过程转化为具体数据衡量指标，进而推动高校学生管理流程进一步简洁高效，完善大数据赋能高校学生管理的组织结构。

（4）增进过程细腻程度。高校学生管理区别于其他管理活动，特别是区别于企业管理，其最终目的不是提高效率，更重要的是在管理服务过程中发挥育人功能，突出教育管理的人文关怀，因而要更加注重高校学生管理过程的细腻化程度。大数据在高校学生管理中的应用，主要如下：

第一，能够快速整合、挖掘分析学生信息数据，以往难以准确把握的学生心理动态、思想动态也能快速洞察，精准刻画学生数字画像，也为高校学生管理的精细化、细腻化提供数据支持，及时为管理者战略调整提供行动方案与路径方向，为学生提供个性化服务。

第二，能够推动构建学生事务一体平台，实现信息同步和共享，加强部门协作，提高资源利用效率，掌握整合学生各方面数据，为学生提供更好的教育管理服务。在管理过程中，管理者借助大数据平台能够及时、快速掌握学生的动态，加强与学生之间的交流，精准研判学生群体的需求变化、诉求建议等，根据学生的反馈及时动态调整为管理决策和管理方式，提升管理过程的细腻化程度，切实发挥管理育人实效，回归教育本身。

大数据赋能高校学生管理，在大数据对信息的储存、加工、挖掘等能力不断提升下，使原本的学生管理结构从窄幅度转变为宽幅度、多层次转变为少层次，管理结构更加扁平化。高校学生管理的治理效率得到提高、治理能力得到提升，更重要的是扩大学生管理的范围，使得高校学生管理过程更加精细化。

（5）提升风险预判能力。社会发展的影响是双向的，在带来便利的同时，也使得当前高校学生管理面对的管理环境更加开放复杂、风险增多且叠加性增强，高校学生管理工作必须加强前瞻性，提前布置、提前工作，将隐患风险扼杀在摇篮中。当前高校学生管理信息数据海量，人力难以从纷繁复杂的数据信息中快速抽丝剥茧，找到问题关键和关键联系。大数据的分析预测价值凸显，管理者可以利用数据挖掘、关联分析等功能，对高校学生管理中学生行为数据和重点检测数据进行分析预判，从而进行早期干预和资源配置活动。

通过大数据技术赋能高校学生管理，有利于高校风险防控和精准决策体系的建立健全，进一步增强了高校学生管理的前瞻性，对于后续管理工作具有重要作用，特别是对于制订科学管理政策和施行精确高效的管理。通过大数据赋能高校学生管理，可以对学生学习、生活行为和校园危机发展走向进行预测分析，增强高校学生管理的前瞻性。

借助大数据赋能，可以充分发挥校园学生管理大数据价值，为学生管理舆情监控和校园危机事件提供高适配性服务，能及时预测学生管理舆情和危机事件发展趋势，进而掌握学生管理舆情主要观点、校园危机事件主要人和物等信息。

3.大数据在高校学生管理中的应用场景

（1）日常生活场景。借助大数据赋能高校学生日常管理，可以更好地掌握学生学习、生活动态，为学生管理决策服务工作提供及时、动态、可靠的信息数据支撑。

第一，保障学生的生命安全、健康成长，掌握学生的日常进出校门、宿舍楼的数据。随着大数据的发展，高校陆续都开始加装智能门禁系统，借助人脸识别系统、大数据分析技术，可以及时掌握进出学生的行程动态，特别是在突发卫生疾病时，能够有效地对学生行程进行摸排，减少了大量的人工工作。

此外，对学生各类日常数据统计，包括晚点名、学生问卷收集等，陆续转移到线上平台，能够及时得到年级、学院、全校学生数据，并能及时进行动态反馈。相对人工统计核对的数据，能够更好地保持数据的真实性，为学生日常管理提供可靠的参考数据，极大提高了当前学生日常管理的效率。

第二，做好学生的日常生活学习管理，做好学生成长发展的保障、护航、帮扶。在学生学习管理中，通过教务网络平台、手机客户端等，学生可以通过手机和网页完成便捷的课程选择调整、考试补考缓考等事务，及时查看自己的学业进度、各类考务信息等。

学校学院教务可以对学生学习进行学业预警、学习课程考试提醒等，及时借助应用的大数据分析结果，了解掌握学生的学习进度、挂科率、喜爱课程、教师评价等，更好地进行学生学风建设和课程改进等工作。同时，可以分级设置大数据平台查询管理权限，高校学生管理工作中的学院辅导员可以及时记录与学生谈心谈话、学生相关信息情况等数据，学生工作部门及其他职能部门可以及时查询学生档案和其他学习生活数据。通过大数据平台，对学生进行精准关怀，进行工作数据留痕，有利于其他管理部门进行协同治理，切实做好学生管理服务，提升高校学生管理的质量和水平。

（2）学习资源场景。学生的首要任务是学习，高校学生管理的首要功能就是帮助学生进行专业知识学习和提高自主学习能力。大数据赋能高校学习资源场景应用主要聚焦在图书馆和教室两个场域。

第一，大数据赋能高校学生学习资源的图书馆场域，以大数据为驱动，拓展图书馆场馆功能和服务范围，改进和创新了图书馆的资源管理方式，提升了图书馆服务的质量水平，增强了师生满意度。通过构建高校图书馆大数据平台，借助数据挖掘、聚类分析、用户画像等技术，全面分析用户的喜好需求、用户行为数据与图书馆文献资料和服务过程数据等，挖掘数据内在蕴含的价值，发现师生对图书馆功能的实际需求，为师生提供丰富多元、精准个性的服务，能够有效促进高等教育的发展和大学生整体素质的提升。

基于大数据，高校图书馆可以针对学生检索偏好和研究方向，对信息检索及资源推荐开展个性化服务，能够有效节省学生检索文献资源所需时间，提供高效文献资源推送服务。大数据赋能图书馆场域，可以使知识资源查询、助学助研助教、空间场所使用等逐步实现个性化、精准化的多功能图书馆服务，满足师生线上资源查询和线下多功能场所使用的实际需求。

第二，大数据赋能高校学生学习资源的教室场域，主要涉及智慧教室的课堂内外和线上云课堂的发展。

更新了教室智能终端设备和系统。可以灵活组织课堂教学形式，促进教师与学生之间的互动交流，加强课堂多维互动。教室智能设备不仅局限在课堂之上，学校借助云课堂平台、线上查课管理系统，与智慧教室的录播系统、交互系统和电子班牌等基础信息化平台建设，实现各类课堂教学资源、学生学习资源、系统使用数据等在各系统间的无缝衔接、流转顺畅。

扩展了线上云课堂空间，学生以课程单位组建班集体，进行课程学习和讨论，通过即时交流、文件投递或者弹幕发帖的方式，参与课程成员互动交流，及时获得教师反馈，实现学习资源的合理配置和学生之间的思维碰撞。通过智慧教室的各类设备，教师和学生可以在线上线下进行多环境的沟通交流，自动采集教育教学全阶段的学生行为数据，生成智慧教室教学运行的大数据，形成学生个体学习大数据，为学生课堂管理、课程学习监督等提供支持。

（3）就业指导场景。就业是一个国家最重要的民生工作，高校学生作为就业工作中的重要群体，高校学生管理工作的重要任务之一就是为学生提供就业生涯规划和就业创业指导，帮助学生顺利地进入社会。大数据从各式海量数据快速获取价值信息能力，极大地拓展了高校就业工作覆盖面。将大数据优势融入就业工作，在原有的就业大数据基础上，进一步拓展就业信息数据收集和匹配等工作，及时对就业信息进行不定向收集存储、定向抓取、精细化处理和创新化运用等，构建高校就业工作的大数据分析系统，建立高校就业大数据库。

高校利用大数据整合信息，构建就业大数据，对就业大数据进行科学、细致的整理和分析，将高校招生、培养、学工、就业等职能部门所收集的基础信息进行共享，了解学生的基本信息和发展情况，从而推送与学生实际相匹配的就业信息；将毕业生对单位类型、就业地区、薪资要求等关键求职意愿信息数据与招聘单位需求学历、需求专业、需求技能等招聘关键需求信息数据进行比对匹配，为毕业生与用人单位精准推送相匹配的供需信息，为学生提供所需的就业工作信息数据资源，同时也为就业单位提供匹配人才，从供需两端同时推进，精准对接，实现毕业生高质量充分就业。

借助大数据技术，构建高校就业服务体系和平台，为学生提供精准就业指导服务，实现供需精准匹配，提高高校就业工作的精准度和实效性。高校通过对毕业生的学习发展、求职需求、就业过程及用人单位考核、录用过程的数据收集，建立就业大数据库。充分分析挖掘就业大数据，对学生进行职业生涯指导服务、毕业生求职帮扶、校园招聘情况分析、毕业生就业流向分析，实现从共性到个性、粗略到精准的就业服务转变，促进学生个性职业规划、毕业求职发展、就业落实跟踪无缝对接。

第二章　云计算技术管理与创新实践

通过云计算，企业能够实现资源的弹性伸缩、灵活部署和成本优化，从而提高运营效率和业务灵活性。在管理方面，有效的云计算技术管理需要建立健全的资源规划和监控体系，确保资源的有效利用和性能的稳定可靠。在创新方面，云计算技术为企业带来了前所未有的创新机遇，如基于云端的大数据分析、人工智能应用和物联网解决方案等。本章主要论述云计算关键技术与软件开发、云计算安全技术与管理策略、云计算技术的创新应用实践。

第一节　云计算关键技术与软件开发

一、云计算虚拟化技术

(一) 虚拟化的基本认知

作为广义层面的术语，虚拟化概念的提出旨在实现管理的进一步简化、资源的进一步优化，指的是计算元件的运行环境并不是现实，而是虚拟环境，比如在空旷、通透且没有固定墙壁的写字楼中，为了降低成本，同时提高空间利用的最大效率，用户就可以自主适用办公空间的构建，但只需要付出同样的成本。"虚拟化是将一台物理机虚拟成多台能够单独正常运行的逻辑机，提高资源利用率。"[①] 具体到 IT 领域，这种以不同需求为出发点来重新规划有限的固定资源，从而实现利用率显著提高的目标的思路，就是虚拟化技术。

在虚拟化技术的作用下，硬件容量可以得到进一步扩大，软件的重新配置过程可以得到进一步简化。同样是在虚拟化技术的影响下，单 CPU 模

---

① 孟祥龙.基于云计算的虚拟化技术应用设计研究 [J].科技资讯，2023，21 (14)：28.

拟多 CPU 并行具备了实现的可能性，在一个平台来实现多个操作系统的运行同样被允许存在。同时应用程序的运行发生于相互独立的空间，这样就可以有效避免互相干扰情况的出现，从而使计算机的工作效率得到显著提高。

在虚拟化作用下，消费者和资源之间的耦合程度得到大大降低，进而进一步简化了 IT 基础设施的总体管理。所以，消费者对资源特定实现的依赖局面被打破。基于此种更加宽松的耦合关系，管理员可以在确保消费者受到管理工作影响最小的情况下，来更高效、优质地管理 IT 基础设施。管理操作的完成，既可以通过半自动的方式实现，又可依赖手工的方式实现，也可以基于服务等级协定（SLA）的驱动作用进行自动化管理。

在此基础之上，虚拟化技术为网格计算所利用将变得更为广泛，同时网格计算也能够虚拟化处理 IT 基础设施，通过对 IT 基础设施的共享和管理进行处理，确保用户和应用程序对资源的动态需求能够得到有效满足，同时还能使访问基础设施更加简化。

（二）虚拟化的主要特点

第一，资源利用率更高。虚拟化可以提高资源的利用率，并实现物理资源和资源池的动态共享，尤其是为低于平均需求的资源需求提供专用资源负载。

第二，管理成本降低。虚拟化可以隐藏物理资源的复杂部分，减少物理资源的数量，虚拟化还可以实现资源的自动化和简化公共管理方式，最终达到提高工作效率的目的。

第三，灵活的使用功能。虚拟化可以实现动态的重配置和资源部署，可以满足不同的业务需求。

第四，安全性较高。虚拟化可以提高桌面的可操作性和安全性，用户可以对这种环境进行本地访问或远程访问。相较于简单的共享机制，虚拟化可以实现有效隔离和划分数据信息，保障访问信息的可控性和安全性。

第五，可用性更高。虚拟化的应用程序和硬件条件具备更高的使用性，可以有效地提高业务的连续性，虚拟化可以将整个虚拟环境安全备份和迁移，不会出现服务中断的问题。

第六，可扩展性更高。虚拟化可以在不改变物理资源配置的情况下调整规模，可以实现和支持资源分区和汇聚，并将个体物理资源扩展为更小或更大的虚拟资源。

第七，互操作性。虚拟资源的接口和协议具有较高的兼容性，可以保证资源的灵活互通，且可操作性较强。

第八，供应资源的改进。相比于个体物理资源单位，虚拟化分配资源的单位更小，并且虚拟资源不受操作系统和硬件的影响，即使出现系统崩溃，恢复的速度也很快。

(三) 云计算虚拟化技术的方向

云计算虚拟化技术是一项关键技术，它们在云计算环境中起着重要作用，允许多个虚拟的计算资源在同一物理硬件上共享和运行。这些虚拟化技术提供了更高的资源利用率、灵活性和可伸缩性，从而使云服务提供商和企业能够更有效地管理他们的基础设施。

1. 虚拟机

虚拟机是在物理服务器上创建的完整虚拟计算环境，包括操作系统、应用程序和硬件资源的仿真。虚拟机可以提供隔离的环境，允许在同一台物理计算机上运行多个操作系统或应用程序，从而避免彼此之间的干扰，这对于多租户环境或测试和开发非常有用。此外，虚拟机可以分配和管理物理计算机的资源，以确保各个虚拟机之间的资源分配合理，并且可以根据需要进行动态调整。

虚拟机技术的实现方式有多种，其中一些常见的包括：①全虚拟化，在全虚拟化中，虚拟机管理程序在物理硬件上模拟了完整的虚拟计算机，包括虚拟 CPU、内存和 I/O 设备；②硬件辅助虚拟化，硬件辅助虚拟化利用处理器的虚拟化扩展来提高虚拟化性能，并减少虚拟机管理程序的开销，这些扩展允许虚拟机直接访问物理硬件资源，而无须模拟；③容器化虚拟化，容器化虚拟化是一种轻量级的虚拟化技术，它在操作系统级别隔离进程和文件系统，而不是模拟整个操作系统；④半虚拟化，在半虚拟化中，虚拟机操作系统被修改与虚拟机管理程序协作，从而提高性能和效率。

2. 容器化

容器是轻量级的虚拟化技术，因为它们共享主机操作系统内核，而不像虚拟机那样每个虚拟机都有自己的操作系统，这使得容器更加节省资源，启动更快。容器可以在几秒内启动，而虚拟机通常需要更多时间，这使得容器化适合需要快速扩展和自动化部署的应用程序。由于容器共享主机操作系统，它们的资源利用率更高，可以在同一台主机上运行多个容器而不会浪费资源。容器化技术的不断发展和普及使其成为现代云计算和应用程序部署的核心组成部分，提供了更大的灵活性和效率。

容器化的具体实现方式包括：① Docker，最流行的容器化平台之一，它提供了一个容器运行时和容器镜像的构建工具，Docker 容器使用 Docker 镜像作为基础，可以在不同的环境中轻松部署；② Kubernetes，Kubernetes 是一个容器编排和管理平台，用于自动化容器的部署、扩展和维护，它支持多个容器运行；③ Containerd，Containerd 是一个开源的容器运行时，它提供了容器的基本功能，而不像 Docker 那样包含了所有附加功能，它通常作为其他容器平台的基础组件使用。

3. 网络虚拟化

网络虚拟化是云计算中的一项关键技术，它允许将物理网络资源，如路由器、交换机、防火墙等，虚拟化为多个逻辑网络。这种虚拟化提供了更大的网络灵活性，能够满足不同用户或应用程序的需求。其中，软件定义网络（SDN）是一种被广泛采用的网络虚拟化技术。SDN 通过将网络控制平面和数据平面分离，使网络管理员能够根据需要自动配置和重新配置网络，实现更有效的流量管理、负载均衡和安全策略的实施。这提高了网络资源的可用性和效率，使云计算环境更具竞争力。

4. 服务器虚拟化

服务器虚拟化是指将物理服务器分割成多个虚拟服务器的技术，每个虚拟服务器都具有自己的操作系统和应用程序。这种虚拟化方法有助于提高资源利用率、减少硬件成本。选择适合的虚拟化技术和平台取决于应用程序需求、性能需求和管理需求。

二、云计算数据处理技术

(一) 并行编程技术

并行编程模式是一种用于编写能够有效利用多核处理器和分布式计算

环境的程序的方法。它是计算机科学和软件工程领域的一个重要概念，随着硬件技术的发展和计算机体系结构的演进，越来越受到关注和应用。在传统的单核处理器时代，程序员主要关注代码的顺序执行和串行性能优化。但随着多核处理器的普及，程序员面临更多的挑战，因为单纯地提高时钟频率已经不再是提升计算性能的唯一方法。并行编程模式应运而生，它的核心思想是将一个任务拆分成多个子任务，并同时执行这些子任务，以充分利用多核处理器的潜力。

1. 并行编程的主要模式

并行编程模式是一种计算机编程方法，旨在充分利用多核处理器和分布式计算资源，以加速程序的执行。这种编程模式通常涉及任务并行和数据并行，以及隐式并行和显式并行，同时还牵涉到分布存储和共享存储。

（1）任务并行和数据并行

第一，任务并行。在任务并行编程模式中，程序被分成多个独立的任务或线程，每个任务负责执行程序的一个部分。这些任务可以并行运行，各自独立地处理不同的工作负载。任务并行适用于需要将问题分解成可并行处理的子任务的情况，例如图像处理中的滤波操作。

第二，数据并行。数据并行编程模式涉及将数据分成多个部分，然后并行处理这些数据片段。这意味着相同的任务被应用于不同的数据集，从而实现并行性。数据并行通常用于处理大规模数据集，例如在机器学习训练中，多个处理器同时处理不同的数据批次。

（2）隐式并行和显式并行

第一，隐式并行。在隐式并行编程模式中，程序员不需要显式指定哪些部分可以并行执行，编程框架或编译器会根据程序的结构和依赖关系自动识别并行执行的机会，然后进行优化。这样的模式使编程更加方便，但可能限制了程序员对并行性的控制。

第二，显式并行。相比之下，显式并行编程要求程序员明确指定哪些部分可以并行执行，以及如何进行同步和通信。这种方式提供了更大的灵活性和控制力，但也需要更多的编程工作和关注并发性。

（3）分布存储和共享存储

第一，分布存储。在分布存储编程模式中，数据存储在不同的计算节点或服务器上，并且每个节点负责处理其本地存储的一部分数据。这种模式常见于大规模分布式系统，如云计算平台和分布式数据库。分布存储可以提高数据的可扩展性和冗余性，但需要处理数据一致性和通信开销。

第二，共享存储。共享存储编程模式中，多个计算节点共享相同的存储资源。这允许多个节点协同访问和操作共享数据。共享存储通常用于多线程或多进程应用程序中，以便它们可以共享数据，但需要考虑并发控制和同步。

2. 并行编程技术的内容

（1）消息传递接口。消息传递接口简称 MPI，它属于一种事实规范，是在应用进程中管理迁移数据的函数。MPI 可以定义两个进程点之间的通信函数，还可以聚合多个进程通信的函数以及进程管理、并行 I/O 的函数。

通信数据的布局和类型由 MPI 的通信器指定，在此基础上，MPI 才能优化内容中非连续数据的引用和操作，并为异构机群提供应用支持。MPI 的功能由 SPMD 模型实现，即所有的应用进程都执行一样的程序逻辑。MPI 具有优越的可移植性，在 MPI 的基础上，人们已经开发了很多相关的软件库，它们的主要作用是高效地完成一些常用算法。但是，对于开发人员来说，显式消息传递编程会增加他们的负担，所以，就目前的程序开发程度来说，其他的技术更有用。

（2）并行虚拟机。并行虚拟机简称为 PVM，它代表另一种实现通用消息传递的模型，它的产生先于 MPI。PVM 是首个用来开发可移植信息传递并行程序的标准。虽然 PVM 已经取代了 MPI 的紧耦合多处理机和多核处理器，但它的功能不可忽视，在工作站机群环境中，PVM 仍然有不可替代的功能。PVM 的主要功能是保障并行程序的可移植性，除此之外，还可以为多个异构节点组合提供可移植性。

设计 PVM 的中心思想是突出程序的"虚拟机"作用，通过网络连接各组的异构节点，形成一个逻辑独立的大型并行机。

MPI 可以提供丰富的通信函数。MPI 的优势主要体现在特殊通信模式中，PVM 无法在特殊通信中提供与 MPV 一样的函数。相比于 MPI，PVM 具有较好的容错功能，当应用程序运行于机群上时，尤其是机群由异构节点构成时，PVM 的优势更明显。

（3）并行编译器。在实际操作中，并行编程的应用比较困难，因此，人们会选择编译器完成所有工作，自动并行化由此形成。自动并行化是指在串行程序中用编译器抽取并行性信息，此种自动化的信息程序变成了计算机软件领域梦寐以求的目标，人们的这种想法在向量机实现自动化功能之后更甚。相比于自动向量化，并行编译的成功并不如此。因为并行机硬件和编译器分析的特点相对复杂，所以，应用程序在自动并行编译的过程中比较容易失败。也正因如此，自动并行编译取得的成功只体现在小规模的处理机和共享系统中。

（4）OpenMP。OpenMP属于多线程多处理器并行编程语言，它主要面向分布式共享内存和共享内存，是目前被广泛接受的一套指导性的编译处理方案。它可以描述抽象的高层并行算法，程序员在指明意图的过程中，会在源代码中加入专门的pragma，在此基础上，编译器可以把应用程序并行化，并且，还会在重要的位置加入通信和同步互斥。

3. 海量数据管理技术

云计算系统能够处理和分析海量的数据，让用户能够享受到更高效的服务。数据管理技术要能有效地管理大数据集。目前云计算数据管理技术亟待解决的问题是如何在海量的数据中找到目标数据。云计算处理海量数据的过程是先存储，然后读取，最后分析，相比于数据更新的频率，读取数据的频率非常高，云中的数据管理具有一种独有化的特点。所以，云系统的数据管理模式通常采用数据库领域中的战略存储，按列划分，然后存储。这种数据管理模式未来需要解决的问题是提高数据更新速率和随机读速率。

（二）分布式数据存储技术

云计算最主要的特征是拥有大规模的数据集，基于该数据集向用户提供服务。为了保证高可用性、高可靠性和经济性，云计算采用了分布式数据存储方式。

1. 分布式系统

分布式系统是指一组通过网络连接的计算机及其软件系统，这些计算机的耦合度较低，相互之间协调工作以实现整体负载均衡。在分布式系统中的计算机可通过运行在其上的软件系统实现统一管理和系统资源的有机调配，并实现大型任务的分布式计算。无论是网格计算、并行计算，还是云计算，都是分布式计算的一种。与分布式系统相对应的概念是集中式系统。集中式系统是指由一台主机和若干终端组成的系统，主机是这个系统的中心节点，一般具有较好的性能和运算能力，主机提供系统对外的一切功能，系统中所有的数据均存储在主机中，所有的任务也交由主机完成，终端只用来展示系统功能或提供用户与主机之间的交互（输入和输出）。

分布式系统真正得到大量应用和发展是在近几年，随着 IT 技术的不断发展，Internet 中的数据呈现爆发式增长，一些提供 Internet 服务的企业必须采取措施处理这些海量数据，这就必须升级原系统的性能，升级性能的方法可分为以下两种：

（1）纵向扩展。纵向扩展是指升级当前集中式系统中的主机，其优势是数据备份和恢复简单、部署方便、安全性高、稳定性好、维护成本低；但设备的升级并不是一劳永逸的，随着数据规模的不断扩大，设备的升级也必须同步跟进，这意味着高昂的、持续不断的成本投入，且淘汰的旧主机也是一种资源浪费。此外，硬件技术也会成为升级主机的制约因素。

（2）横向扩展。横向扩展是指增加主机数量，将各主机通过网络连接组成分布式系统，共同存储数据和处理任务。这样，既可以降低系统升级成本，也无须淘汰现有设备。但横向扩展后的分布式系统中的各主机需要专门的软件系统进行资源整合、调配和管理，系统性能和稳定性会受到软件系统性能的影响，且安全性与集中式系统相比较低。

企业的发展要控制成本，成本较小的横向扩展显然更受这些互联网企业的青睐，因此分布式系统在大数据时代大行其道，成为云计算技术架构的基本思想和重要组成部分。

2. 分布式文件系统

为分布式数据存储提供技术支持的是分布式文件系统。分布式文件系统又称集群文件系统，它是由分布式存储系统中多个节点通过网络共同组建和共享的文件系统。在分布式文件系统中，文件存储在一个分布式存储系统中的多个节点（服务器集群）上，通过设置冗余来提高系统的容错性，可实现对海量数据的存储、管理和快速访问。

3. 分布式存储系统

分布式数据存储即利用分布式系统来存储数据，而用于存储数据的分布式系统也称为分布式存储系统。分布式存储系统就是使用大量分散的小容量存储器来存储大数据的技术。分布式存储系统并不是简单地利用控制模块对存储器进行统一管理，而是通过网络，对大量同构或异构（介质、协议、接口等模块的不同）的存储器进行有机调配，这些存储器均具有与自身相匹配的计算能力，可适应存储系统的扩展需求。

传统的大型集中式存储系统的容量常常是 TB 起步，有的经过扩展，容量可达到 PB 级别，但碍于成本，服务器或控制模块的计算能力与存储设备的容量无法实现同步提升，因此随着容量的不断增长，传统存储系统的整体性能将逐渐捉襟见肘。分布式存储系统则由于采用了先进的技术架构，无须担心计算能力跟不上，故可以成倍甚至指数级地扩大存储规模。因此，分布式存储系统的容量一般是 PB 起步，最高可扩展至 EB 级别，可满足大数据的存储需求。

三、云计算开发技术与软件开发

(一) 虚拟云开发

虚拟云是一款有关于云架构的系统开发软件，它拥有稳定的硬件资源，可以实现云架构、云应用等。云计算使得企业明显减少了硬件资源的投入，而且也使企业拥有了比较高端的技术，可以搭建自己的网站和实现互联网的服务和应用。

下面以 VMware 为例，讲解虚拟云。VMware 可以降低客户的成本和运营费用，确保业务持续性，加强安全性并走向绿色。VMware 在虚拟化和云计算基础架构领域处于全球领先地位。VMware 可以通过敏捷、灵活的交付服务提高 IT 效率，并降低用户使用的复杂性。除此之外，VMware 还可以加快云计算的过渡，并在原有投资的基础上提高虚拟化的控制力和安全性。

1. 服务器虚拟化 vSphere

vSphere 是 VMware 公司推出的一套服务器虚拟化解决方案，在业界，它是最可靠和先进的虚拟化平台。vSphere 可以在底层硬件中分离出操作系统和应用程序，起到简化 IT 操作过程的作用。

VMware、vSphere 的架构采用的是裸金属，VMware、vSphere 可以直接安装在提供虚拟化资源的主机服务器硬件上，相当于给服务器同时安装了多个可移动、高安全的虚拟机。虚拟机平台可以完全控制和分配各个虚拟机的服务器资源，然后提高物理机的性能和企业级的扩展性。

虚拟化平台可提供资源共享功能，并能在运行中的虚拟机之间共享物理服务器的资源，这不仅最大限度地提高了服务器的利用率，还确保了各个虚拟机之间保持隔离状态。虚拟机平台内置了高可用性、资源管理和安全性等特性，这些特性为应用程序提供了比传统物理环境更高的 SLA（服务等级协议）。

2. 桌面虚拟化

企业引入桌面虚拟化技术之后，桌面和应用同样可以以服务的形式被交付，利用软件定义的数据中心的各种优势功能，可以实现桌面的集中管理、控制，以满足终端上个性化、移动化办公的需求。桌面的虚拟化基础镜像和以往的物理机 Ghost 镜像相似，管理员可以把大众所属的应用程序安装在基础镜像中，如果用户需要更新应用程序，并得到全新的桌面应用，只需要将系统模板更新即可。

桌面虚拟化平台可以与 AD 集成，所有的 AD 对象信息，如用户、计算机、组织单位、用户组都可以被桌面虚拟化平台使用。当管理员需要对桌面池进行授权时，只需要在桌面虚拟化控制台上对所需的用户或用户组进行授权即可。通过桌面虚拟化自带的策略，可以很容易地实现数据的防泄露。同时，因为数据驻留在数据中心，用户终端上并没有任何的数据驻留，因此集中化对于数据保护更有效率。

（二）云平台的开发

1. 云计算平台的生命周期管理及分类

云计算平台又称云平台，是指用户获取 IaaS、PaaS 和 SaaS 等云计算服务（以下简称云服务）的平台。云平台提供云服务的过程可大致分为将数据中心的基础架构虚拟化为弹性资源池、将弹性资源池中的资源包装为云服务、对云服务进行生命周期管理、将各类云服务上架到门户网站上供用户挑选和购买。对于用户而言，只需在云平台的门户网站上像挑选商品一样获取所需的云服务即可，而无须关注诸如服务的实现原理、底层架构和方法规则等信息。

云服务的生命周期管理是指在云服务的市场寿命内对其进行的管理，可分为售前管理和售后管理。云服务的生命周期管理过程大致包括需求分析、服务定义、服务注册、服务实例化、服务运行、服务维护和服务终止等，涵盖了云服务从进入市场到退出市场的整个过程。

根据用途的不同，云平台可分为存储型云平台、计算型云平台和两者兼顾的综合型云平台。根据云服务部署方式的不同，云平台可分为公有云平台、私有云平台和混合云平台等。其中，公有云平台是指由大型云服务提供商发布到 Internet 中的云平台，用户可通过 Internet 访问云平台的门户网站，如阿里云，并通过付费获取云服务；私有云平台则是指企业使用虚拟化技术将其 IT 资源搭建为私有云，并为企业网内的用户提供云服务的平台；混合云平台则是指云服务来源多样的平台，包括公有云平台和私有云平台。

2. 云平台开发的目标、原则与标准

(1) 云平台开发的目标。

第一，支持 PB 级数据存储，保障访问高速、安全。

第二，完善的容灾备份机制。

第三，提供完整的故障预警和处理机制。

第四，提供弹性计算、自动扩充存储空间功能。

第五，提供数据挖掘、数据分析和数据展现工具。

第六，部署内容分发网络。

(2) 云平台开发的原则。

第一，标准化。为使方案能保持先进性，设备选型方面必须要考虑未来的信息产业化发展，力求获得扩展支撑云服务相关标准的能力。

第二，高可用。为保障业务的连续运行，应以双备份要求的标准来配置设备和设计网络。消除网络连接中的单点故障，确保关键设备出现故障时可被切换。采用双路冗余连接作为关键设备间的物理链路。为使关键主机可靠性提升，可采用双路网卡。系统在应用全冗余的方式时，可靠性可达到电信级别。网络需要具备保护切换设备 / 链中故障的能力。

第三，虚拟化。应有效地建设服务器、存储的虚拟资源池技术，设计网络设备的虚拟化并保证实现。

第四，高性能。云服务流量不再应用纵向流量，转而应用复杂的多维度混合方式，系统的处理能力与吞吐能力提高，能承受突发流量。

第五，绿色节能。除了低能耗之外，系统热量对空调散热系统的影响也应被重点考虑。应采用各种方式使系统功耗降低，应用的网络设备尽可能绿色、低功耗。

（3）云平台开发的标准。

第一，按需提供计算资源。需求低时释放，需求高时增加。

第二，动态增减硬件设备。硬件设备不应一次性投入，而要根据实情动态增减。

第三，应用服务弹性计算。负载高时多样化地提供标准化应用，负载少时将计算资源释放，减少使用量。

第四，计算资源定制化服务。用户能够以定制的方式使用计算资源。

第五，计量服务。以计量的方式使用云平台中的计算资源，能够将产品运行过程中的各种成本投入有效统一。

第六，可定制的应用程序。用户可以通过配置完备的应用程序模板，将所需的应用程序快速定制出来并整合成产品解决方案。

第七，提供量化的可视监控报表。可以根据系统对计算资源的使用量和系统的总运行时间来查询。

3. 云平台开发的实施流程

（1）公有云平台的使用部署流程。公有云平台提供支持新的云计算应用开发部署的 PaaS 平台和以虚拟机托管为基础建立的 IaaS 服务，用户可以对实际 IT 资源的大小进行动态调整，付费标准为实际的 IT 资源使用量。

第一，商务立项。正式选择和确定公有云平台，以独立的项目流程为标准开展。

第二，需求调研。以对云平台服务能力的定位和部署规模为依据整理需求，在此基础上对大致的资源使用量做出评估。

第三，选择公有云服务商。与服务商展开技术交流后，选用合适的服务商。

第四，合同签订。与公有云服务商签订商务合同。

第五，规划设计。以需求调研为依据编写产品部署架构设计方案、测试时间、项目实施计划和上线时间等内容。

第六，实施部署。产品的部署要参考产品部署方案架构和项目实施计划。

第七，云平台试运行。编写试运行的功能与时间范围等的运行计划，以开发和测试环境需要的条件为参照，来试运行公有云平台，并对公有云服务的使用方法进行调整。

第八，上线通知。公司内部通告产品正式在云端上线，将商务部分的其他协议内容完成，此过程需要参照合同与服务商。

（2）私有云平台的实施流程。私有云平台建设有多个环节步骤，其中包括机房建设或租用、云平台软件产品模块、云结构和功能实现、硬件设备投入等，所以需要循序渐进地按照特定步骤来实施计划。

第一，商务立项。正式选择和决定私有云平台，并按照独立的项目流程开展。

第二，需求调研。以云平台服务能力的定位和部署规模为依据来整理需求，需要额外开发的云模块和功能也包含在内。

第三，选择云模块产品。对云平台底层技术框架进行定位，选用的集成云模块应当尽可能与云平台服务能力相贴近，且拥有较高的性能。

第四，选择云产品供应商。同各供应商展开技术交流，而后从中选出合适的供应商展开合作。

第五，合同签订。与云开发商或云产品提供商签订商务合同。

第六，制定部署计划。对私有云开发过程中需要的开发计划、测试时间、项目规划和上线时间等内容进行部署。

第七，实施部署。以自建云方案中的硬件设备要求为依据，购买服务器、互联网环境与所需硬件设备，在硬件上架后可以同步进行云功能开发和云产品部署。

第八，云平台试运行。针对试运行设定包括云功能和试运行的时间范围在内的计划，以测试与开发环境所需的条件为依据来试运行云平台。

第九，出具上线和验收标准。以云服务能力的定位为依据，出具多个方面的验收标准，包括可用性、安全性和功能性，等等。

第十，项目验收。同产品提供商和云开发商共同展开功能演示，系统地演示方案中所有功能模块与案例以及验收标准的操作。

第十一，上线通知。全单位告知云平台建设并符合上线标准，以合同为标准同云产品开发商和提供商共同将商务部分的其他协议内容完成。

(三) 云计算应用软件开发

随着信息技术的不断发展，云计算利用虚拟化和网络等技术成为世界信息技术发展的重要组成部分，云计算也因此加强了对软、硬件资源弹性化、集中化和动态化的管控，并在此基础上建立了全新的一体化服务模式。此种新的服务模式为传统信息技术带来了挑战和机遇。

1. 云计算应用软件类型与特性

云计算应用软件是和系统软件相对应的，是用户使用各种程序设计语言编制的应用程序的集合。应用软件是为满足用户不同领域、不同问题的应用需求而提供的软件，它可以拓宽计算机系统的应用领域，放大硬件的功能。

(1) 应用软件类型。

第一，办公室软件。文书试算表、数学程式创建编辑器、绘图程式、基础数据库档案管理系统、文本编辑器等。

第二，互联网软件。即时通信软件、电子邮件客户端、网页浏览器、客户端下载工具等。

第三，多媒体软件。媒体播放器、图像编辑软件、音频编辑软件、视频编辑软件、计算机辅助设计、计算机游戏、桌面排版等。

第四，分析软件。计算机代数系统、统计软件、数字计算、计算机辅助、工程设计等。

第五，商务软件。会计软件、企业工作流程分析、客户关系管理、企业资源规划、供应链管理、产品生命周期管理等。

(2) 云计算应用软件特性。

第一，与传统软件相比，云计算应用软件在交互模式和开发模式上发生了颠覆性的改变。传统软件传播的主要介质是磁盘等固体介质，并且，软件必须安装在用户的计算机上，此种开发模式非常消耗资源。云计算应用软件的优势是厂家会先把软件安装在云平台上，只要用户有网就可以使用软件，不需要消耗服务器和磁盘等资源。

第二，与传统软件的盈利模式不同，传统软件主要的盈利来源是销售软件产品，传统软件需要支付的费用主要包括软件投入的安装费、购买费、管理费和维护费等。相比于传统软件的盈利模式，云计算应用软件采用的是租赁制，出品商主要依靠租赁费盈利，租赁的周期可以是一个月、半年或者一年。

第三，相比于传统的应用软件，云计算应用软件的适用空间更广泛，使用时间更长。云计算应用不受时空限制，只要有网就可以应用，但是传统的软件在空间和时间上受制于安装地址和服务器。

第四，云计算应用软件的重复应用程度更高。复用程度一直是软件开发的重要衡量标准，也是软件开发克服软件危机的重要途径之一，云计算应用在软件复用上的成效非常明显。软件的复用程度可以减少开发软件的错误，将软件的可信性提高。

2. 云计算应用软件开发的技术

（1）SOA 技术。SOA 技术是指面向服务架构技术，SOA 强调服务的重要性。随着信息技术的不断发展，软件开发商在更深入地开发 SOA 技术，就目前的应用程序开发领域而言，SOA 技术已经无处不在。SOA 技术的开发随着 SaaS 的火热开发更加深入。随着人们对科技产品的依赖不断增加，IT 环境也变得日趋复杂，从目前的发展趋势来看，未来的科技发展趋势更偏向于动态、服务性、多元等方向的健康发展；单一、模式化的科技发展趋势已无法满足社会的需求。

（2）Ajax 技术。Ajax 技术结合了多种编程技术，包括 JavaScript、DHTML、XML 和 DOM 等，并且它是开发 Web 应用程序的技术，可以让开发人员在 Ajax 技术的基础上开发 Web 应用，还突破了使用页面重载的惯性，给用户提供了更加自然的浏览体验。每当浏览器网页更新时，网页修改都是逐步增加和异步的。由此，Ajax 技术提高了用户使用应用界面的速度。

在 Web 网页中加入 Ajax 的应用程序，可以为用户提供更加轻松、有效的网页服务，用户不需要花费太长的时间等网页刷新。在页面中，需要更新的部分才需要更改，并且，网页更新可以是异步的，并且在本地完成。用户刷新网页的同时可以享受 SaaS 的应用服务，可以像使用传统 C/S 软件一样流畅、习惯地使用 B/S 软件。就目前的软件应用领域来说，Ajax 技术在 SaaS 应用的基础上正在不断地融入软件行业中。

（3）Web Service 技术。Web Service 技术是一种组件集成技术，以 HTTP 为基础，以 XML 为数据封装标准，以 SOAP 为轻量型传输协议。

Web Service 技术是互通信息、共享信息的接口。Web Service 技术在任何符合标准的环境中都可以用，因为 Web Service 技术使用的是统一、开放的网络标准，并且 Web Service 技术可以让原本孤立的站点信息相互联系和共享。Web Service 技术的设计目标具有扩展性和简单性，它的特性可以促进异构程序和平台之间的互通，可以让应用程序被广泛地访问。

Web Service 可以在 SaaS 软件中为各个组件提供互相沟通的机制，Web Service 技术可以将各个平台和开发工具的应用系统集合起来，提高应用系统的扩展性。Web Service 技术的核心是 SOAP，SOAP 属于开放性标准协议；不但可以结合企业的内部信息系统和防火墙，还可以突破应用壁垒，为企业提供安全、集成的应用环境；SOAP 还提高了系统的弹性，企业可以将任何自定义的信息封装起来，并且不需要修改源代码。

（4）单点登录技术。单点登录技术是从软件系统的整体安全性出发，实现一次性自动登录和访问所有授权的应用软件，并且不需要记忆各种登录口令、ID 或过程。Web Service 环境中的系统需要相互通信，但是要实现系统之间都相互维护和访问控制列表明显不切实际。从用户的角度出发，用户都想要更好地应用体验，都想以简单、安全的方式体验不同的业务系统。除此之外，单点登录环境还包含一些独特的应用系统，它们有自己的认证方式和授权方式，所以，在应用 Web Service 环境中的系统时，还需要解决不同系统间用户信任映射的问题，由此可以确保当用户的一个系统信息被删除时，其他相关的所有系统也都不能访问。

第二节　云计算安全技术与管理策略

一、云计算安全及其评估

(一)云计算安全及产生原因

云计算利用规模经济极大地降低了计算资源的生产成本,并为用户提供了按需获取的 IaaS、PaaS 和 SaaS 等云服务,开创了一种全新的商业模式。云计算彻底改变了传统 IT 资源的获取方式,为整个 IT 行业带来了巨大的变革,将人类社会带入了全新的"云时代"。然而,在云计算技术发展得如火如荼时,其不断暴露的安全问题却成了为人诟病的短板和阻碍。云计算的安全性已成了企业选择云计算服务的关键因素。

(1)云计算安全的定义。云计算安全是由计算机安全、网络安全及更广泛的信息安全所演化出的概念,有时也简称云安全。与云计算类似,云计算安全是一个比较宽泛的概念,并没有标准的定义。

对于云服务提供商而言,云计算安全是指一套由广泛的硬件技术、软件平台、实施方法、统一标准、法律法规等共同组成的综合性策略,用于保护其云计算系统(主要指公有云平台)中的基础设施、IP 网络、应用程序、用户数据等资产;对于用户而言,云计算安全意味着其所使用云服务环境的稳定性和私密性,以及其存储在云中的数据的完整性和隐私性。

云安全有时也用于指代基于云的安全软件或安全服务,如 360 安全卫士提供的基于 360 云查杀引擎的木马查杀服务。在云计算领域中,这些安全服务是一种云计算服务模型,可称其为安全云,它与云计算安全应为包含关系,是不能画等号的。

(2)云计算安全产生的原因。由于云计算分布式架构的特点,数据可能存储在不同的地方,在数据安全方面风险最高的是数据泄露。用户虽然能够看到自己的数据,但是用户并不知道数据具体保存在什么位置,并且所有的数据都是由第三方来负责运营和维护,甚至有的数据是以明文的形式保存在数据库中,数据被用于广告宣传或者其他商业目的。因此数据泄露和用户对第三方维护的信任问题是云计算安全中考虑最多的问题。虽然数据中心的内外硬件设备能够对外来攻击提供一定程度的保护，而且这种防护的级别比用户自己要高很多，但是和数据相关的安全事件在各大云计算厂商中还是尴尬地出现在公众面前。

（二）云计算安全的评估

1. 信息安全风险评估

信息安全风险是指在信息系统中，可能出现的威胁和潜在损失的可能性。信息安全风险评估指的是对这些潜在风险进行系统化的识别、分析和评估，以便采取适当的安全措施来降低或管理这些风险。信息安全风险评估实际上是传统风险理论和方法在信息系统中的运用。这个过程主要分为以下阶段：

（1）评估准备阶段。评估工作的关键是明确评估的目标，确定范围，组建评估团队，进行初步的调研，以及确定沟通和协商的方法和方案。这个阶段的成功实施对整个评估工作的顺利进行至关重要。

（2）要素识别阶段。评估团队需要识别潜在风险中的各种要素，包括信息系统中的资产、潜在威胁、脆弱性，以及已有的安全控制措施的有效性。这个阶段的目标是建立一个全面的风险识别清单，以便后续的分析。

（3）风险分析阶段。评估团队需要制订合理且清晰的风险等级依据，分析主要威胁场景，并根据识别到的要素来确定潜在风险的程度。这有助于确定哪些风险最为紧迫，需要优先处理。

（4）汇报验收阶段。最后一个阶段涉及对评估结果的沟通和调整，以及完成最终的评估报告。在这个阶段，评估团队需要与利益相关者沟通，确保他们理解评估结果并采取适当的措施来降低风险。

在云计算环境中，数据的处理、传输和存储都依赖于互联网和相应的云计算平台，数据流动过程对于用户来说是不可知的。因此，传统的信息安全风险评估方法在很大程度上已不再适用。云计算环境需要开发一套相应的度量指标和评估方法，以更好地识别和评估与云计算相关的安全风险。这可能包括考虑云服务提供商的安全性能、数据的物理和逻辑位置、云计算架构的安全性、访问控制等因素，以确保云计算环境的信息安全得到有效管理和控制。因此，在云计算环境中，信息安全风险评估需要与传统方法略有不同，以适应新的技术和架构。

2. 云计算安全风险评估

云计算安全风险评估方法可从计算、存储和网络三个方面给出。针对不同的云计算服务，结合传统的信息安全风险评估办法，基于云计算的评测分析方法可以从资产识别、威胁识别、脆弱性分析及风险评估与分析四个角度给出。

（1）资产识别。在云计算环境中，首先需要明确和识别所有涉及的资产，包括数据、应用程序、虚拟机、存储资源等。这一步骤需要详细的清单，以便后续的风险评估可以基于这些资产的特性进行分析。

（2）威胁识别。一旦资产被明确识别，接下来就需要识别潜在的威胁和攻击面。这包括考虑到云计算环境中可能面临的各种威胁，如数据泄露、DDoS 攻击、恶意软件感染等。威胁识别需要综合考虑云计算服务提供商的安全措施以及自身的安全策略。

（3）脆弱性分析。脆弱性分析涉及查找云计算环境中的可能漏洞和弱点。这可以包括操作系统漏洞、应用程序漏洞、配置错误等。通过定期的漏洞扫描和安全审查，可以识别并纠正这些脆弱性，以减少潜在的风险。

（4）风险评估与分析。基于前面的资产识别、威胁识别和脆弱性分析，进行综合的风险评估与分析。这一步骤需要考虑潜在威胁的影响程度、概率以及可能的损失。风险评估与分析可以采用不同的模型和方法，如风险矩阵、定量风险评估等，以帮助组织确定哪些风险最为紧迫，并制订相应的风险缓解策略。

二、云安全策略

（一）核心架构的安全策略与防护

1. PaaS 架构安全策略与防护

"PaaS 可以为个人以及企业提供一个定制化的中间件平台，达到提升业务灵活性、便捷性的目的，真正地实现了资源利用率的最大化。"[1]

（1）分布式文件安全。分布式文件安全主要包括：①数据加密，数据在传输和存储过程中应该始终进行加密，包括使用 SSL/TLS 来保护数据在网

---

① 邢潇 .PaaS 云平台的相关研究和运用 [J]. 数码世界，2019（12）：87.

络上传输的安全性，以及在存储中使用加密算法来保护数据的机密性；②访问控制，基于角色的访问控制（RBAC）是一种有效的方法，用于限制用户和应用程序对文件和数据的访问，只有经过授权的用户或应用程序才能够访问特定文件或数据；③审计和监控，实施审计和监控机制，以便跟踪谁访问了文件和数据以及何时访问，这可以帮助及早发现潜在的安全威胁并采取适当的措施；④备份和恢复，定期备份文件和数据，以防止数据丢失或损坏，确保备份也受到适当的安全保护。

（2）分布式数据库安全。分布式数据库安全主要包括：①访问控制，实施强大的访问控制措施，确保只有经过授权的用户可以访问数据库，包括使用用户名和密码进行身份验证，实施多因素身份验证等；②数据库加密，对于敏感数据，应使用数据库级别的加密来保护数据的机密性，包括数据字段级别的加密和整个数据库的加密；③漏洞管理，定期评估和更新数据库系统，以修复已知的漏洞，并确保数据库软件保持最新状态；④审计和监控，实施审计和监控措施，以检测任何异常数据库活动，这可以帮助及早发现潜在的数据库攻击。

（3）用户接口和应用安全。用户接口和应用安全主要包括：①身份验证和授权，应用程序应实施强大的身份验证和授权机制，以确保只有经过授权的用户可以访问应用程序和其功能；②输入验证，应用程序应该验证用户输入，以防止常见的安全漏洞，如跨站脚本（XSS）和 SQL 注入；③应用程序漏洞扫描，定期进行应用程序漏洞扫描，以发现并修复可能存在的安全漏洞；④ API 安全，如果应用程序使用 API 进行通信，确保 API 的安全性，包括使用 API 密钥、访问令牌等机制。

2. IaaS 架构安全策略与防护

（1）服务器虚拟化的安全保证。在 IaaS 环境中，多个租户共享同一物理服务器，因此需要强化虚拟机之间的隔离，以防止恶意虚拟机对其他虚拟机的攻击。这可以通过硬件虚拟化和软件隔离技术来实现。定期检测和修补虚拟机操作系统和应用程序的漏洞，以减少潜在的攻击面。实施强密码策略、多因素身份验证和访问控制列表（ACL）以确保只有授权用户能够访问虚拟机。

（2）网络虚拟化安全。一方面，使用虚拟局域网（VLAN）或虚拟私有云（VPC）等技术，将不同租户的虚拟机隔离在不同的虚拟网络中，从而防止不同租户之间的网络干扰；另一方面，在虚拟网络中部署防火墙和入侵检测系统以监视和过滤网络流量，及时识别和阻止潜在的攻击，还可以加密虚拟网络中的流量，确保数据在传输过程中不容易被窃取或篡改。

（3）存储虚拟化安全。存储虚拟化安全主要包括：①对云存储中的数据进行加密，包括数据在传输和存储过程中的加密，以保护数据的机密性；②确保不同租户的数据在存储层面得到隔离，防止数据泄露或跨租户攻击；③建立有效的数据备份和灾难恢复计划策略，以应对数据丢失或硬件故障的风险。

（4）业务管理平台安全。业务管理平台安全主要包括：①身份和访问管理，实施强大的身份验证和访问控制，确保只有授权人员能够管理云资源；②审计和监控，持续监控云环境，记录操作活动，以便追踪潜在的威胁和异常行为；③漏洞管理，及时修复管理平台中的漏洞，以防止黑客入侵或滥用云资源。

3. SaaS 架构安全策略与防护

（1）多租户安全。多租户安全主要包括：①数据隔离，确保不同租户的数据在存储和处理时是严格隔离的，以防止数据泄漏或交叉污染，可以通过使用虚拟化技术、容器化或数据库隔离来实现；②强访问控制，实施细粒度的访问控制，以确保只有经过授权的用户可以访问特定租户的数据，使用身份验证和授权机制，如多因素认证（MFA）和角色基础的访问控制（RBAC）来实现这一目标；③数据加密，对数据进行加密，包括数据在传输过程中和存储时的加密，使用强密码学算法来保护数据的机密性，同时确保密钥管理的安全性；④监控和审计，建立实时监控系统，以检测异常活动和潜在的安全威胁。此外，记录和审计所有租户的活动，以便进行调查和合规性检查。

（2）应用程序安全。应用程序安全主要包括：①漏洞管理，定期进行安全漏洞扫描和漏洞修复，确保应用程序不受已知漏洞的威胁，及时更新和维护应用程序的组件和依赖关系；②常规安全培训，为开发人员和维护人员提供安全培训，使他们了解最佳的编码实践和安全漏洞的识别方法；③输入验证，实施有效的输入验证，以防止恶意输入（如 SQL 注入、跨站脚本攻击）进入应用程序，从而防止数据泄露和应用程序的破坏；④ Web 应用程序防火墙（WAF），部署 WAF 来检测和阻止 Web 应用程序层次的攻击，例如

DDoS 攻击和应用程序层次的漏洞利用。

(二) 云计算的安全部署策略

以公共基础设施云服务和企业私有云为例，对其安全应用策略部署提出以下建议：

1.公共基础设施的云安全策略

（1）基础安全防护。公共基础设施云服务提供商通常会提供基本的安全性控制，但组织应该加强这些控制以确保数据和应用程序的安全，包括实施强密码策略、多因素身份验证、访问控制列表等。此外，及时应用安全补丁和更新也是关键的安全实践。

（2）规避数据监管风险。不同地区和行业可能有各自的数据监管法规。组织在选择云服务提供商时应仔细考虑其数据存储和处理政策，确保符合适用的法规。此外，加密数据传输和存储可以降低数据泄露风险。

（3）提供安全增值服务。云服务提供商通常提供一系列安全增值服务，如云安全监测、漏洞扫描、威胁检测等。组织应该积极利用这些服务，以提高对潜在威胁的识别和应对能力，定期审计和监测云环境也是必要的。

2.企业私有云的云安全策略

（1）与现有 IT 系统安全策略相兼容。企业私有云通常与现有的本地 IT 系统集成在一起。因此，安全策略应该相互兼容，确保一致的安全标准和流程，包括统一的身份和访问管理、日志监测和事件响应。

（2）具备安全回退机制。尽管企业私有云提供了更多的控制权，但仍然需要考虑灾难恢复和安全回退策略。这意味着在云服务中出现问题或遭受攻击时，组织必须有能力迅速切换到备用系统或数据存储。定期测试和演练这些回退计划是关键。

第三节　云计算技术的创新应用实践

一、云计算在电信领域的应用

云计算在电信领域的应用模式已经引领了这一行业的巨大变革，为电信运营商提供了更高效、灵活和创新的解决方案。

第一，基础设施的云化改造。电信运营商一直在致力于将传统的硬件设施和网络基础设施云化。这意味着将传统的网络设备和服务器替换为虚拟化的、云基础设施。通过这一步骤，运营商能够实现资源的弹性扩展和缩减，从而更好地适应用户需求的变化。此外，云化基础设施还可以大幅降低运营成本，提高资源利用率，并加速新服务的部署。这种模式为电信企业带来了更高的灵活性和竞争力。

第二，利用云计算提供业务创新平台。云计算为电信运营商提供了一个强大的业务创新平台。通过利用云服务提供商的资源和工具，电信公司可以更快速地开发和推出新的业务和服务。云计算还为电信企业提供了大数据分析、人工智能和机器学习等高级技术，以提高网络性能、优化用户体验并开发个性化的服务。

第三，以 SaaS 的形式提供多样化服务。电信运营商可以借助云计算模式以软件即服务（SaaS）的形式提供多样化的服务，包括云电话、云存储、云安全和协作工具等服务，这些服务可以直接提供给企业客户和个人用户。通过将这些服务云化，运营商可以减少硬件投资，提高服务的可扩展性，并更好地满足用户的需求。此外，SaaS 模式还允许电信企业灵活定价和包装服务，以满足不同客户的需求。

二、云计算在电子商务领域的应用

云计算技术已经在电子商务领域产生了深远的影响，为电子商务企业提供了多种重要的服务和优势。

第一，提供数据存储服务。电子商务企业通常需要大规模的数据存储解决方案，以存储商品信息、交易记录、用户数据等。云计算提供了高度可扩展的数据存储服务，企业可以根据需要动态扩展存储容量，而无须投入大量资金购置硬件设备。通过云存储，电子商务企业可以更加灵活地管理和存储其数据，从而提高了数据管理的效率和成本效益。

第二，提供信息共享和业务协作。云计算使得信息共享和业务协作变得更加便捷。电子商务企业可以在云上建立共享文档和协作平台，使团队成员可以随时随地访问和编辑文档，协同工作变得更加高效。此外，云计算还支持实时通信工具，如在线会议和即时消息，这有助于加强团队合作和沟通。对于分布式团队和跨地域合作的电子商务企业来说，云计算的信息共享和协作功能是不可或缺的。

第三，扩展业务和客户群。云计算为电子商务企业提供了扩展业务和客户群的机会。通过云计算，企业可以轻松地扩展其在线业务，无须大规模投资于基础设施建设。云计算提供了可伸缩的计算资源，可以根据需求灵活调整，因此，企业可以应对季节性或突发性的交易量增加。此外，云计算还支持全球化扩展，企业可以轻松地将业务拓展到国际市场，利用云计算的全球数据中心网络提供快速且可靠的服务。

第三章　物联网技术发展及其实践应用

随着信息技术的飞速发展，物联网作为新一代信息技术的重要组成部分，正逐渐改变着人们的生活。本章从物联网的发展基础、物联网关键技术及标准化发展、物联网产业化发展及实践应用三个方面，对物联网技术的发展及其在实践中的应用进行深入探讨。

第一节　物联网的发展基础

一、对物联网的认知

物联网的兴起标志着人类思维习惯和生活方式的重大转变。"物联网已经不是一项陌生的技术，目前已经被广泛投入使用"，[①] 传统观念中，物理基础设施如车站、公路、机场等与 IT 基础设施如计算机、宽带、数据中心等被视为独立存在的实体。然而，物联网的出现促成了这些基础设施的融合，形成了一个统一的整体。物联网的这种整合作用，实质上构建了一个全新的地球模型。

物联网（IoT）的概念从其名称中即可窥见一斑。其中，"物"指的是物理世界中的各种物体和设备，"网"象征着网状结构，而"联"则代表关联或联系。综合这些元素，物联网可以被初步定义为一种体系结构，它通过网状结构将各种物体相互连接起来。这种结构类似于互联网，但有所不同：互联网主要连接人与人，而物联网则专注于物与物之间的连接，其核心目标是实现信息的交换和通信。

万物互联是物联网的核心哲学。物联网与互联网之间存在着相互依存和紧密联系的关系。物联网的运作基础是互联网，缺乏互联网的支持，物联

---

① 郑红艳. 物联网的发展探析 [J]. 现代计算机：下半月版，2011（16）：53.

网的概念和功能将无从谈起。

不同的学者和研究机构基于物联网与互联网之间的关系，对物联网的定义有着各自的理解和诠释。这些观点大致可以分为四种：第一种观点认为，物联网是一种传感网，可以独立存在而不必接入互联网；第二种观点将物联网视为互联网的一个组成部分；第三种观点认为物联网是互联网的一种补充网络；而第四种观点则将物联网视为互联网的未来形态。这些不同的定义反映了物联网概念的多样性和复杂性，也预示了物联网在未来的广泛应用和深远影响。

二、物联网的发展背景

物联网作为新一轮信息技术革命的核心组成部分，正日益成为推动经济社会发展的重要引擎。其发展背景深远且复杂，涵盖了科技进步、产业升级、市场需求和政策支持等多个方面。以下将详细论述物联网的发展背景。

首先，科技进步是物联网发展的根本动力。随着传感器技术、无线通信技术、云计算和大数据等关键技术的飞速发展，物联网设备的智能化、小型化和低成本化成为可能。传感器技术的进步使得各种物品能够感知和传递信息，无线通信技术的提升则实现了信息的实时传输和共享，而云计算和大数据技术的应用则为海量数据的处理和分析提供了强大支持。这些科技的突破为物联网的快速发展奠定了坚实基础。

其次，产业升级是物联网发展的重要推手。在全球经济结构调整和产业升级的大背景下，物联网作为新兴产业，具有巨大的市场潜力和发展前景。传统行业如制造、农业、交通等，通过引入物联网技术，能够实现智能化、精细化管理和运营，提高生产效率和资源利用效率。同时，物联网的发展也催生了新的产业链和商业模式，为经济增长注入了新的活力。

再次，市场需求是物联网发展的内在动力。随着人们生活水平的提高和消费观念的转变，对于智能化、便捷化的产品和服务的需求日益增长。物联网技术能够满足人们在智能家居、智能交通、智能医疗等领域的多样化需求，提高生活品质和社会福祉。此外，物联网在环境监测、灾害预警、公共安全等领域的应用也具有重要意义，能够满足社会对安全、环保等方面的需求。

最后，政策支持是物联网发展的重要保障。各国政府纷纷出台相关政策，推动物联网技术的研发和应用。政策扶持包括资金支持、税收优惠、人才培养等方面，为物联网的发展提供了有力保障。同时，政府还积极推动物联网与其他产业的融合发展，打造物联网产业链和生态圈，促进经济社会可持续发展。

三、物联网的发展态势

物联网，作为新一轮信息技术革命的重要组成部分，正在全球范围内迅速崛起，展现出前所未有的发展态势。其深度融合了物理世界与数字世界，为各行各业带来了前所未有的创新机遇。当前，物联网技术正以前所未有的速度渗透到各个领域，成为推动经济社会发展的重要引擎。以下将从物联网技术的普及程度、应用领域的拓展、技术创新的推动以及面临的挑战等方面，深入剖析物联网的发展态势。

首先，物联网技术的普及程度正在不断提高。随着传感器、云计算、大数据等关键技术的不断进步，物联网设备的成本不断降低、性能不断提升，使得物联网技术的普及变得更为可行。同时，政策层面的支持和市场需求的推动也为物联网的普及提供了有力保障。各国政府纷纷出台相关政策，推动物联网在智慧城市、智能制造、农业等领域的应用，为物联网的快速发展提供了良好的政策环境。

其次，物联网技术的应用领域正在不断拓展。物联网技术已经渗透到工业、农业、医疗、交通、环保等各个领域，成为推动这些领域转型升级的重要力量。在工业领域，物联网技术可以实现设备的智能化管理和远程控制，提高生产效率和产品质量；在农业领域，物联网技术可以实现对农田环境的实时监测和精准管理，提高农作物的产量和品质；在医疗领域，物联网技术可以实现远程医疗监护和健康管理，提高医疗服务水平；在交通领域，物联网技术可以实现智能交通管理和车辆远程控制，提高交通效率和安全性。

最后，技术创新是推动物联网发展的重要动力。随着物联网技术的不断发展，新的技术创新不断涌现，为物联网的应用提供了更多的可能性。例如，5G技术的普及为物联网设备提供了更高速、更稳定的网络连接，使得物联网设备可以实现更高效的数据传输和处理；人工智能技术的发展也为物联网的应用提供了更强大的支持，使得物联网设备可以实现更智能化的决策和控制。

物联网的发展也面临着一些挑战。首先是安全问题。随着物联网设备的普及，网络安全问题日益突出，如何保障物联网设备的数据安全和隐私保护成为亟待解决的问题。其次是标准化问题。由于物联网技术的多样性和复杂性，如何制订统一的标准和规范，实现不同设备之间的互联互通，是物联网发展中需要解决的重要问题。此外，物联网技术的推广和应用还需要考虑到成本、技术成熟度、人才培养等多方面因素。

未来，随着技术的不断进步和应用领域的不断拓展，物联网将在推动经济社会发展中发挥越来越重要的作用。

第二节　物联网关键技术及标准化发展

一、物联网的定位技术

物联网必须通过对"物"精准的定位、跟踪和操控，以实现任何时间、任何地点、任何物体之间的连接。如何利用定位技术更准确、更全面地获取"物"的位置信息是物联网应用亟待解决的重要问题之一。

(一)卫星定位

空间定位技术在物联网应用中起着十分重要的作用，通过特定的位置标识与测距技术确定物体的空间经纬度坐标，最常用的空间定位方法是基于卫星的定位。卫星定位导航系统是利用卫星测量物体位置的系统，当下主要的系统有：①全球定位系统（GPS），它是能够覆盖全球的卫星定位导航系统；②格洛纳斯系统（GLONASS），能够覆盖俄罗斯境内和部分国家；③中国的北斗导航系统（COMPASS），不仅能覆盖我国境内，还能够覆盖全球。

1. GPS 定位

全球定位系统（GPS）是一个由 24 颗卫星构成的全球性网络，这些卫星均匀地分布在地球的几个轨道面上。GPS 系统的工作原理基于这样一个事实：通过精确测量从地面接收器到多颗卫星的距离，可以确定接收器的具体位置。这一过程涉及捕捉由卫星发射的信号，这些信号携带着关于卫星位置的精确时间戳信息。接收器通过比较信号发射和接收的时间差，计算出它与每颗卫星之间的距离。至少需要从四颗不同的卫星接收信号，因为这样可以得到四个方程式，从而给出接收器的三维位置（经度、纬度和海拔）以及时间的精确值。

此外，GPS 系统通过连续跟踪卫星信号的频率变化（多普勒效应）来计算接收器的速度。这种测量方法不仅提高了定位的准确性，还允许系统进行动态跟踪，即实时更新移动对象的位置和速度信息。GPS 技术的这些功能使其在导航、地图制作、地质调查、交通管理、农业和其他众多领域有着广泛的应用。

2.格洛纳斯系统

格洛纳斯（GLONASS）是全球卫星导航系统之一，由俄罗斯自主研发，目的是在全球范围内提供精确的定位、导航和时间同步服务。该系统由位于中地球轨道的格洛纳斯卫星星座和一系列地面控制站组成，共同确保系统的运行和数据的准确性。

格洛纳斯系统的核心原理与其他全球导航卫星系统（GNSS）相似，即通过测量用户接收器与多颗卫星之间的距离和信号传输时间差来确定用户的三维位置。具体来说，用户接收器接收来自卫星的信号，并计算出信号传播的时间，从而确定到每颗卫星的距离。通过至少接收到四颗卫星的信号，接收器可以计算出用户的确切位置。

格洛纳斯系统在技术性能上与其他全球卫星导航系统相匹敌，例如美国的全球定位系统（GPS）、欧洲的伽利略系统（Galileo）和中国的北斗导航系统（BDS）。此外，格洛纳斯在某些方面展现出独特的特点和优势。例如，由于格洛纳斯卫星的轨道配置，它在高纬度地区的性能尤为出色，这对于俄罗斯及其他高纬度国家的用户来说是一个显著的优势。此外，格洛纳斯系统在某些信号结构和加密方法上具有独特性，这为特定用户群体提供了额外的安全性和可靠性保障。

3.北斗卫星导航系统

北斗卫星导航系统是中国自主研发的全球卫星导航系统，旨在为全球用户提供定位、导航和授时服务。北斗系统由一组在不同轨道上运行的卫星以及地面控制站组成。北斗卫星导航系统具有高精度、高可靠性和高可用性的特点，可以广泛应用于交通运输、农业、航空航天、电力、水利、公共安全等领域。北斗系统通过测量用户接收设备与多颗卫星之间的距离和信号传输延迟来确定用户的位置，以及提供时间同步和增强服务。北斗卫星导航系统是全球四大卫星导航系统之一，与其他系统相互兼容，用户可以根据自己的需要选择使用不同的导航系统。

(二) 蜂窝定位

随着移动通信技术的飞速进步，手机已从最初的仅提供语音通话功能，演变为集成了多种功能的便携式设备，其中包括移动定位服务。蜂窝网络定位技术，即通过移动运营商的网络基础设施来确定手机的位置，是基于一系列固定的基站 (收发信机) 来实现的。

蜂窝定位技术的核心在于分析手机与这些基站之间信号传播的特征参数。这些参数包括信号强度、传播时间、到达角和多普勒频移等。通过比较从多个基站接收到的信号特征，可以计算出手机相对于这些基站的距离，进而利用三角测量原理确定手机的具体位置。

此外，这一过程通常与地理信息系统（GIS）相结合。GIS 是一个集成、存储、分析、管理和展示各种地理数据的信息系统。通过将定位数据与 GIS 中的地图和其他地理信息相结合，用户可以获得各种基于位置的服务，如导航、位置查询、周边设施搜索等。这些服务在日常生活中极为便利，如帮助用户找到最近的餐馆、医院或加油站，或在紧急情况下快速定位求救等。

(三) Wi-Fi 定位

伴随着物联网技术的深入应用，室内移动物体位置管理的研究渐渐成为人们关注的热点。由于密集建筑物对定位信号的遮挡，使 GPS 定位技术在室内定位中精度低、能耗高。Wi-Fi 定位技术是采用 Wi-Fi 接入点来推断用户位置的一种定位方式。Wi-Fi 定位技术无须安装定位设备，通过 Wi-Fi 网络即可直接完成定位。Wi-Fi 定位技术具有低成本、高精度和应用范围广的特点。Wi-Fi 定位技术不需要附加额外的硬件设备，是未来无线定位领域的必然趋势。

Wi-Fi 定位原理是：Wi-Fi 无线接入点（AP）向周围发射的信号中包含此 Wi-Fi 的全球唯一 ID 号。Wi-Fi 的工作流程是接入点首先采集 802.11 无线信号，然后搜索并采集需定位区域内每个 AP 的位置，最后将采集到 AP 的具体位置数据存入数据库，并对每个无线路由器进行唯一标识。在定位阶段，通过无线路由器或移动终端发出的 802.11 无线信号确定带有 Wi-Fi 功能的 PC、笔记本电脑、平板电脑、智能手机或 RFID 标签设备的精确位置。

由于 Wi-Fi 定位是通过收集监测区域 AP 信号实现的，因此其定位的精准程度与定位设备收集到的 AP 信号的强度和数量有密切的关系。若电子设备收集到的 AP 信号数量多，信号强度大，则定位精度也越高。

二、物联网的数据处理技术

(一) 数据采集

物联网数据采集是通过各种传感器、设备和系统来获取环境、设备状态或其他相关信息的过程。这是物联网系统中的一个关键步骤，为后续的数据分析、监控和控制提供了基础。数据采集的关键要素如下：

第一，传感器和设备部署。物联网的数据采集始于各种传感器和设备的部署。这些设备可以包括温度传感器、湿度传感器、压力传感器、运动传感器等，根据应用场景和需求选择合适的传感器。

第二，数据采集设备连接。采集到的数据需要被传输到中央系统或云平台进行进一步处理和分析。数据采集设备可以通过有线或无线网络连接到云服务、边缘设备或数据中心。这可能涉及网络协议、通信协议和数据传输协议的选择。

第三，实时数据采集。在某些应用中，对实时数据的需求很高，因此数据采集需要保证实时性。实时数据采集通常要求低延迟和高吞吐量，以确保及时获得有关环境或设备状态的信息。

第四，数据质量控制。在数据采集的过程中，需要进行质量控制，包括对传感器的校准、数据的过滤和异常值的检测。这有助于提高数据的准确性和可信度。

第五，安全性和隐私。由于物联网涉及大量敏感信息，数据采集过程中必须考虑安全性和隐私保护。采取加密技术、身份验证和访问控制等手段，确保数据的机密性和完整性。

第六，持续监控和管理。对数据采集设备的状态进行监控和管理是确保系统稳定运行的关键。这包括设备的远程监测、故障诊断和定期的维护。

第七，边缘计算。为了减少数据传输的压力和提高响应速度，物联网系统通常利用边缘计算来进行数据预处理和简单分析，将一部分计算任务移到数据采集的边缘。

(二) 数据挖掘

物联网的应用必然会带来海量的数据信息，但这些海量信息给人们带来丰富信息的同时也产生了很多负面影响，过多无用信息的产生必然会形成信息距离，造成有用知识的丢失。为了能够更好地利用这些数据，人们期望能够对其进行深入分析，发现并提取隐藏在海量数据中的关系和规则等更加重要的参照规律。但仅仅依靠传统的数据录入、查询、统计等功能，人们无法发现数据中存在的关系、规律和规则，无法根据海量数据预测发展趋势，更缺少挖掘数据背后隐藏知识的手段。在这样的背景下，数据挖掘技术应运而生。

数据挖掘一般是指从大量的数据中自动搜索隐藏于其中的有着特殊关系的过程。数据挖掘通过分析大量的数据来揭示数据之间隐藏的关系、模式和趋势，从而为决策者提供新的知识。之所以称之为"挖掘"，是比喻在海量数据中寻找知识，如从沙里淘金一样困难。数据挖掘技术作为数据处理的一个重要手段，较好地解决了"数据丰富而知识贫乏"的问题。数据仓库产生后，数据挖掘如虎添翼，在 IT 界引发了一个个化腐朽为神奇的故事。

1. 数据挖掘对象

物联网中的海量数据包含各种不同的数据类型，从结构上看，这些数据主要可分为结构化和半结构化，当然还包含一些异构型的数据。

数据挖掘的对象可以是任何类型的数据源，如关系数据库 (包含结构化数据的数据源)，如数据仓库、文本、多媒体数据、空间数据、时序数据、Web 数据等。发现知识的方法可以是数字的、非数字的，数学的和非数学的, 也可以是归纳的, 它们最终通过数据挖掘得到的知识, 可以用在决策支持、信息管理、查询优化和数据自身维护等方面。

2. 数据挖掘步骤

数据挖掘的主要步骤包括定义问题、建立数据挖掘库、分析数据、准备数据、建立模型、评价模型和挖掘实施等。

（1）定义问题。数据挖掘的第一步是要了解数据和业务问题。对数据挖掘的目标有一个清晰而明确的定义, 要清晰地知道需要解决的问题, 需要挖掘的数据和需要支持的业务。问题不同、目标不同, 所建立的数据模型也不相同, 因此定义问题是数据挖掘的第一步, 是数据挖掘的基础。

（2）建立数据挖掘库。建立数据挖掘库是对数据处理的基础, 包括以下几个步骤: 收集数据、描述数据、选择数据、评估数据质量、数据合并与整合、构建元数据、加载数据到挖掘库、维护数据挖掘库。

（3）分析数据。分析数据是数据挖掘的关键, 如果数据集中的字段非常多, 例如超过上千个数据字段, 就需要借助相关的软件工具实现对数据的分析。

（4）准备数据。数据准备包括变量选择、记录选择、创建新的变量和变量转换四个方面, 准备数据是建立模型之前的最后一步工作。

（5）建立模型。建立模型的过程通常需要反复并进行多次优化, 要通过仔细考察不同的模型, 决定哪个模型能够最有效地解决问题。在建立模型时, 首先将准备好的数据分成三个部分, 第一部分数据称为训练集, 用来建立模型; 第二部分数据称为测试集, 用来测试通过第一部分数据得到的模型; 第三部分数据称为验证集, 用于验证模型的准确性。

（6）评价模型。建立好的模型通常使用已有的数据, 而模型是否准确与选取的数据具有直接关系, 即模型的准确率只对建立模型时使用的数据有意义。在实际应用时, 需要进一步对数据模型进行验证, 寻找最有效的数据模型。因此, 直接在现实世界中进一步对模型进行测试十分重要。通常的做法是先在小范围内对模型进行使用, 经过应用测试后, 如果模型效果能够满足需要, 再进一步进行大范围推广使用。

（7）挖掘实施。建立模型并验证模型之后, 需要将挖掘模型应用实施。可以将模型提供给分析人员进行参考或者把此模型应用在不同的数据集上, 达到数据挖掘的最终目的——挖掘实施。

(三) 数据预处理

物联网在实际应用中获得的大量数据，其中有相当一部分是冗余和无效的，这些数据会极大降低网络中数据传输效率。因此要求人们在使用数据前，必须采用有效的技术手段对数据进行预处理，以提升数据传输的效率和数据服务质量。

由于人为因素、设备原因、传输原因甚至是环境因素，导致现实世界中的问题数据无处不在。问题数据包括噪声数据、不完整数据和不一致数据。

数据预处理是指在数据处理之前对不完整、不一致的"脏"数据进行处理，数据预处理为提高数据应用质量打下了良好的基础，降低了数据挖掘所需要的时间。数据预处理技术主要包括数据清洗、数据集成、数据转换和数据归约等过程。

第一，数据清洗是消除数据中的噪声数据，纠正不完整和不一致数据，删去数据中冗余数据的过程。噪声数据是指错误或异常的数据；不完整数据是指数据中缺乏某些属性值；不一致数据则是指数据内涵出现不一致情况（如同一设备编号出现不同的名称）。数据清洗处理过程通常包括平滑噪声数据、识别或除去异常数据、填补遗漏的数据值以及解决不一致数据问题。

第二，数据集成是指将来自多个数据源的数据合并到一起构成一个完整的数据集，用于描述同一个概念的属性在不同数据库中取了不同的名字，它们在进行数据集成时就常会引起数据的不一致或冗余。例如，在某个数据库中同一位顾客的身份编码和命名的不一致也常会导致同一属性值的内容不同。同样，大量的数据冗余不仅会降低数据挖掘的速度，也会误导挖掘进程。

第三，数据转换是指将一种格式的数据转换为另一种格式的数据。数据转换主要是对数据进行规格化操作。在进行正式的数据挖掘前，必须对数据进行规格化处理。

第四，数据归约是指在尽可能保持数据原貌的前提下，最大限度地精简数据量。数据归约也称为数据消减，它主要有属性选择和数据采样两个途径。分别针对原始数据集中的属性和记录，目的是在不影响或基本不影响最终的挖掘结果的前提下缩小挖掘数据的规模。

噪声数据、不完全或不一致的数据在现实的世界中大量存在，数据预处理能够帮助用户改善数据质量，提高数据的有效性和准确性。

(四) 数据融合

物联网数据融合是一种数据处理技术，指可将多种数据或信息进行处理，给出高效且符合用户需求的数据的处理过程。数据融合利用计算机技术对获得的若干信息，在一定准则或规则下对数据进行汇总、关联、综合分析等，以获取支持用户决策和评估所需要的信息。数据融合类似人类对复杂问题的综合处理，比如在辨别一个事物的时候，通常会综合各种感官信息，包括视觉、触觉、嗅觉和听觉等。单独依赖一个感官获得的信息往往不足以对事物做出准确的判断，而综合各种感官数据，对事物的判断将会更准确。

数据融合是一个多级别、多维度的数据处理过程，能实现对来自不同信息源的数据的自动检测、关联、组合处理，并基于多信息源数据进行综合性的分析、判断和决策。数据融合一般有数据级融合、特征级融合、决策级融合等级别的融合。

第一，数据级融合属于最低层次的融合，它可直接在采集到的原始数据上进行融合，优点是失真度小，所提供的信息比较全面。

第二，特征级融合属于中间层次的融合，它先对来自传感器的原始信息进行特征提取，然后对特征信息进行综合分析和处理。特征级融合可完成信息压缩，有利于实时处理的需要。

第三，决策级融合属于高层次的融合，它基于一定的规则和决策的可信度做出最优的决策，以达到良好的信息实时性和容错性的目的。

(五) 数据分析

传统的数据分析办法是先用数据库存储结构化数据，在此基础上建立数据仓库，然后根据需要构建数据立方，运用联机分析处理（OLAP），这种简单基础的分析法主要是针对结构化数据，对于小数据的处理比较行之有效。

虽然传统的数据分析体系已经成熟，但大数据的规模效应为它带来很多难以预想的疑难问题。这主要包含两个方面：第一，数据量和流速的膨胀，使得过去单机版的挖掘算法和机器学习难以进行；第二，数据深度分析的需求增多，要求更高。用户不再满足于从数据中简单汇总，提取知识或结论，而是希望对其深入分析和利用。不仅用以了解当前的形势，还要实现对未来情况的预测，做到风险管理和预防。例如，当预测到员工或客户的流失时，能预先采取挽留行动或补救措施；通过分析设备传感器的数据，对工厂设备的状态进行预测和预警，通过智能排查每一个风险点，减少人工维护、检查的频率和成本，以预测式维护取代预防式维护，全面提升维护系统的持续性、覆盖率和精准性。上述这些复杂的分析都需要更复杂、兼容性更高的分析模型和并行化的数据挖掘算法、分析模型。

三、物联网的标准化发展

物联网标准化发展指的是制订和实施一系列统一的规范和协议，以确保各种物联网设备和系统能够高效、安全地相互通信和协作。这一过程涉及为物联网设备定义通信协议、数据格式、接口规范、安全标准以及隐私保护措施等方面，标准化工作对一项技术的发展有着很大的影响。标准制订的时机也很重要，标准制订和采用得过早，可能会制约技术的发展和进步；标准制订和采用得过晚，可能会限制技术的应用范围。传统的计算机和通信领域标准体系一般不涉及具体的应用标准，而物联网的各标准组织都比较重视应用方面的标准制订。

(一) 物联网标准化的特征

物联网技术正迅速渗透至众多行业领域，展现出其应用的广泛性和感知设备的多样性。目前，物联网技术的研究与发展成果已广泛应用于社会经济各个层面，并与众多行业紧密合作，共同推进业务工作的发展。物联网技术的广泛应用源于其庞大的用户基础和用户需求的多样化。在与其他行业合作的过程中，物联网技术会根据不同领域的具体需求进行定制化应用。

物联网提供的服务类型是根据用户的具体需求而定的，服务范围和内容会根据用户群体的不同和需求差异进行划分。公共业务服务主要面向那些具有普遍性购买需求的用户群体，而行业特定服务则更加注重满足特定用户群体的特殊需求。

由于应用领域的不同，物联网技术所需的承载设备也存在差异，因此，物联网技术在各个领域都进行了专业化开发。信息通信行业在这一过程中发挥着关键作用，它为物联网技术提供了广泛覆盖、规模庞大的基础网络设施支持，从而确保了物联网技术在各个行业的有效应用和运作。

物联网这种虚拟网络信息交流工具必须有自身运行的标准和规则，物联网需要不同行业将自身生产制造物品进行合理交流和合作生产，完成将固定自然资源物质进行合理配置组合的任务。同时行业之间合作的标准也需要根据各行业实际制造的需求进行条例制订，既体现新型物品交换的优势特征和对有限资源条件的合理利用，又体现对信息传输方式的创新和更高经济利润的追求。

物联网这种信息产品交流方式需要多个联系行业之间开展密切业务合作，并且商品之间交换和生产要素合理优化利用并不局限于固定的地理位置区域。可以将不同专业学科对于该类商品制造加工的创新理念知识与已有的行业制造规范进行融入，帮助提升物联网运行体系整体与其他行业和社会主体之间开展合作的次数。

建构完整的物联网商品交流体系需要经历不同的组合配置阶段：①需要将各行业公共的理念认识与社会范围内需要的综合性认识进行融合，不同专业服务能力的建立需要以自身信息沟通交流的方式进行融合调配；②将不同行业需要的各种标准进行综合性收集，对一些共同性认识的问题需要建立统一的认可规范；③需要将第二步中取得的共同性行业规范认识进行深入贯彻和推动执行。这三部分是各行业之间建立公共性联系和业务广泛合作必需的流程步骤，目前各国对物流行业和商品交换的流程正处于中间层次，还需要将已经制订的各种公共性综合认识进行执行方面的细致监督。

(二) 物联网标准化的意义

借助现今实体数据信息承载设备模式和应用技术的更新，将数据资料原有的信息传输过程和模式进行简化和安全保护处理。同时虚拟网络技术的使用者和专业技术的开发研究者也需要明确，无论虚拟信息技术开发至何种程度，都需要将实体产品运行和与客户之间开展交流的流程环节进行细致规定。减少不同地理位置区域之间人们沟通语言差异性带来的合作弊端的影响，将各国家原有的行业认可规范和执行条例作为合作过程中公共性理念认识的重要依据。从物联网相关商品销售和生产交流体系建立的具体要求来看，需要对未来阶段物联网制造体系的运行标准进行更细致化的改造。

第一，以不同行业标准对于各种物品和信号承载设备的专业性需求作为后续开发的方向，将物联网体系流程中涉及的成果向更符合实际化方向应用。增加不同区域位置国家和社会性团体之间结合物联网模式开展合作的次数。

第二，将行业的执行标准与下一阶段社会范围内要求的产品交换方式和语言沟通模式结合，将物联网体系模式建构中涉及行业的专业技术向更易操作化的方向改造。减少各行业中掌握核心技术企业和开发人才对成果的垄断效用，使全部区域群众可获得相同的物联网体系服务和实际化应用，确保各行业在物联网运行模式的加持下有更高发展空间可去开拓。借助行业执行标准规范的完善可以使物联网模式的应用更有实际效果，在使用网络交流软件开展交流的主体进行信息数据交流时，平台会借助不同语言交流方式中关于一些词汇的理解差异进行转换。

从物联网体系模式建立过程中使用的专业性较强的技术内容来看，可以将信息交流沟通领域使用工具的创新开发和新型探究理念的出现，作为制定后续工作任务和产品信息交流过程记录标准化条例的依据。结合目前无线电技术对信息传播方式的拓展和对理论性内容储存方式的创新，可以将与物联网运行模式相关的虚拟传输设备进行技术改造，结合物联网工作领域各项标准化流程的规范制订，进行工作模式的更新。

第三，将使用主体对虚拟网络设备和各项平台的需求与物联网创作模式进行结合，伴随各国对信息交流方式开展更深入化的研究，可以使对用户意见想法收集方式有较大扩展。同时可以发现用户更加关注交流信息的价值性和观察服务过程的透明化，可以将这些真实性意见用于完善物联网产品销售模式的改造和服务层次的提升。在物联网体系运行的核心阶段，需要针对服务的完成性进行细致检验，确保用户使用数据的安全性和理念性认识标准的执行程度。

第三节 物联网的产业化发展及实践应用

物联网产业是新一代信息技术产业的核心和引领者,因为它被广泛应用于各种其他新兴产业,使其成为新兴产业的战略亮点。物联网产业的兴起推动了工业化与信息化深度交融。

一、物联网产业的发展态势与战略布局

(一)物联网产业 IP 化发展态势

目前,物联网的未来参考体系架构还很难推测,但 IP 化作为物联网参考体系架构的必然趋势是可以肯定的。智能物件之所以要采用 IP 协议,主要是因为 IP 技术可以有效解决物联网在发展中所面临的可发展性、大规模性、应用多样性、互通性、低功耗、低成本等问题。随着互联网的快速发展,IP 端到端的架构体现出了 IP 的稳定性、通用性和可扩展性。因此,IP 是物联网的最佳选择。

第一,IP 架构的稳定性。IP 架构从诞生到如今已有多年的发展。IP 架构在应用层和链路层之间的发展空间还远没有达到饱和,但是近年来,IP 的整体架构一直维持在相当稳定的状态。

第二,IP 架构的轻量性。低功耗、较小的物理体积和低成本是智能物件的三个节点级挑战。由于人们感觉 IP 架构对处理能力和内存需求较大,因此 IP 架构一直被认为是重量级的。

第三,IP 架构的多样性。IP 架构具有多样性、适用性强的特点,在世界范围内被广泛使用,大部分网络设备都支持 IP 架构。此外,IP 架构还支持其他的应用环境,如远程设备控制的低速率应用、严格服务质量需求应用等。这都得益于 IP 架构的优良设计、灵活性与分层结构。

(二)物联网产业的战略布局

第一,市场需求。我国高层次教育类学校针对物联网相关技术要素开展了综合性探究,并对未来这项虚拟信息交流传播技术的发展模式和创新表

现进行预测。认为这种新型创新技术的应用不仅可以帮助群众满足目前社会空间背景下的个性化需求，还可以使国家整体经济收入的来源方式得到有效扩充，使国内各区域生活方式得到更深刻的形式改变。

第二，关键技术。将物联网模式建构过程中需要的核心型技术以分类剖析的形式进行专项探索，这样可以使针对不同领域应用技术都有专业性的探索人才作为创新动力。同时物联网架构相关技术向更深层次开发，也使社会空间内其他行业有扩展发展空间的基础。

二、物联网技术的实践应用

物联网技术作为信息技术的重要分支，正在全球范围内掀起一场技术革命。它以其独特的优势深刻改变着人们的生活方式，推动产业创新与发展。物联网技术在多个领域的应用，不仅提升了生产效率，优化了资源配置，还为社会管理和公共服务提供了全新的解决方案。

(一) 物联网技术在照明控制中的应用

物联网使照明控制系统更加智能化。智能照明控制指在现代电子技术、自动化技术、计算机网络、通信设备等作用下，实现对电气照明的智能控制，是人类提高照明环境档次并减少电力资源损耗和材料损耗的一种手段。

智能的照明系统可以通过远程的方式来对灯光进行很好的控制，也可以针对照明系统进行很好的管理和检测。系统中所包含的每个板块，都会通过智能监管的方式来进行合理调整。

智能城市的构建主要是将基础设施建设赋予智能化，通过构建智能路灯的方式，可以使城市的秩序更加稳定，也会为人们的生产生活提供便捷条件。智慧城市的过程要素主要包括信息资源的共享、网络系统的形成以及数据的应用和分析。只有将这三部分进行很好的传感，才能将智慧城市的理念进行更好的传递。在当今时代进行信息数据处理和分析的过程中，需要通过网络信息技术平台的方式来进行数据的分析和应用。将城市中的感知层进行很好的构建，对于发展智慧城市起到积极的推动作用。

互联网模式下的智慧照明系统主要是通过利用网络的方式来控制照明。这需要电力资源及网络资源的共同作用，二者之间进行互联互通，再运用先进的技术手段使照明系统进行远程操控及自动调节，并且根据个人的需求，对照明系统进行设置，对所遇到的问题及时记录，方便后续优化与改进工作。

以往的照明系统只是通过控制开关的方式来实现。但现代的智能系统相较于传统的照明系统增添了许多智能化、自动化的功能，通过网络信息技术的方式，让智能照明系统的控制面板获得更加有效的管理。通过控制装备的合理调节，就可以实现灯光亮度以及开关时间定时的感知性操作。

智能照明系统为地方政府开展政法工作提供了便利的条件，也使城市中的基础设施建设更加完善，并且将整个城市信息数据进行了更好的整合。

智能照明系除了可以提供照明的功能以外，更多的是通过网络信息技术将城市综合性能提升，将电力资源及网络资源的学习数据进行有效整合，通过先进的科学技术来进行智能照明系统的构建。城市中的基础设施变得更加完善，人们的生活可以更加便捷，可以通过先进的技术来将照明亮度和时间进行合理控制，促进智慧城市的形成与发展。

（二）物联网技术在智能制造领域的应用

在智能制造领域，物联网技术的应用推动了传统制造业向数字化、网络化、智能化方向转型升级。通过传感器、RFID 等物联网设备，可以实现对生产设备、物料、产品的实时追踪与监控，提高生产过程的可视化和透明度。同时，基于大数据分析，可以优化生产流程，提高生产效率，降低生产成本。此外，物联网技术还可以实现设备的预测性维护，减少设备故障率，提高设备的使用寿命。

以汽车制造为例，物联网技术的应用可以实现生产线的智能化管理。通过对生产过程中的数据进行采集、分析，可以预测设备故障，及时进行调整和维护，避免生产线的停工和延误。同时，通过物联网技术还可以实现零部件的精准追溯，确保产品质量和安全。

（三）物联网技术在环境保护领域的应用

在环境保护领域，物联网技术的应用为环境监测和治理提供了有力支持。通过传感器等设备，可以实时监测大气、水质、土壤等环境指标，为环境保护部门提供及时、准确的数据支持。同时，物联网技术还可以应用于污染源的监测和治理，推动环保工作的科学化和精准化。

　　例如，在空气质量监测方面，物联网技术可以实现空气质量的实时监测和预警，为政府制定环保政策提供数据支持。在水质监测方面，物联网技术可以实时监测水体的污染情况，为水体治理提供科学依据。

第四章　人工智能技术及其多元化创新

人工智能技术的快速发展已经成为全球科技革命和产业变革的关键驱动力量，它不仅深刻影响着人们的生产方式，还在不断重塑生活方式和思维方式。本章重点探讨人工智能及其未来发展、人工智能技术及专家系统的开发、人工智能技术的多元化创新应用。

第一节　人工智能及其未来发展

智能是指学习、理解并用逻辑方法思考事物，以及应对新的或者困难环境的能力。智能的要素包括：适应环境，适应偶然性事件，能分辨模糊的或矛盾的信息，在孤立的情况中找出相似性，产生新概念和新思想。

自然智能是指人类和一些动物所具有的智力和行为能力。"人类智能是由许多各有自己构成、本质特点和运作机理的智能个例或样式组成的有'家庭相似性'的大杂烩。每个智能都是由一定生物模式所实现的功能模块，他们集合在一起可形成不同层次的复合能力"[1]。人类智能表现为有目的的行为、合理的思维，以及有效地适应环境的综合性能力。智力是获取知识并运用知识求解问题的能力，能力则指完成一项计划或者任务所体现出来的素质。

人工智能是相对于人的自然智能而言的，即"人造智能"，指用人工的方法和技术在计算机上实现智能，以模拟、延伸和扩展人类的智能。由于人工智能是在机器上实现的，所以又称机器智能。人工智能包括有规律的智能行为。有规律的智能行为是计算机能解决的，而无规律的智能行为，如洞察力、创造力，计算机目前还不能完全解决。近年来，人工智能发展迅速，已

---

① 高新民，罗岩超."图灵测试"与人工智能元问题探微[J].江汉论坛，2021(1)：56.

经成为科技界和大众都十分关注的一个热点领域。"人工智能是新一代'通用目的技术',对经济社会发展和国际竞争格局产生着深刻影响。"[①]

一、人工智能的代表学派

(一)符号主义学派

符号主义又称逻辑主义、心理学派或计算机学派,其主要思想是从人脑思维活动形式化表示角度研究探索人的思维活动规律。它是亚里士多德所研究形式逻辑以及其后所出现的数理逻辑,又称符号逻辑。而应用这种符号逻辑的方法研究人脑功能的学派就称符号主义学派。

在20世纪40年代中后期出现了数字电子计算机,这种机器结构的理论基础也是符号逻辑,因此从人工智能观点看,人脑思维功能与计算机工作结构方式具有相同的理论基础,即都是符号逻辑。故而符号主义学派在人工智能诞生初期就被广泛应用。推而广之,凡是用抽象化、符号化形式研究人工智能的都称为符号主义学派。

总体来看,符号主义学派即以符号化形式为特征的研究方法,它在知识表示中的谓词逻辑表示、产生式表示、知识图谱表示中,以及基于这些知识表示的演绎性推理中都起到了关键性指导作用。

(二)连接主义学派

连接主义学派又称仿生学派或生理学派,其主要思想是从人脑神经生理学结构角度研究探索人类智能活动规律。从神经生理学的观点看,人类智能活动都出自大脑,而大脑的基本结构单元是神经元,整个大脑智能活动是相互连接的神经元间的竞争与协调的结果,他们组织成一个网络,称为神经网络。连接主义学派认为,研究人工智能的最佳方法是模仿神经网络的原理构造一个模型,称为人工神经网络模型,以此模型为基点开展对人工智能的研究。

有关连接主义学派的研究工作早在人工智能出现前的20世纪40年代的仿生学理论中就有很多研究,并基于神经网络构造出世界上首个人工神经

[①] 张鑫,王明辉.中国人工智能发展态势及其促进策略[J].改革,2019(9):31.

网络模型——MP 模型，自此以后，对此方面的研究成果不断出现，直至 20 世纪 70 年代。在此阶段由于受模型结构及计算机模拟技术等多个方面的限制而进展不大。直到 20 世纪 80 年代 Hopfield 模型的出现以及相继的反向传播 BP 模型的出现，人工神经网络的研究又开始走上发展道路。

自 2012 年以来，连接主义学派在人工智能领域取得了显著的进展和成果。其中最引人注目的是深度学习的快速发展，尤其是卷积神经网络（CNN）在图像识别、语音识别和自然语言处理等领域的突破性应用。深度学习模型，特别是深度卷积神经网络，因其强大的特征提取能力和对大规模数据的有效处理，成了处理复杂任务的关键技术。

在图像识别领域，基于深度学习的模型在 ImageNet 竞赛等大型图像识别任务中取得了超越人类识别水平的准确率。此外，这些技术在医学图像分析、自动驾驶车辆视觉系统等领域也显示出了巨大的应用潜力。

在自然语言处理方面，基于循环神经网络（RNN）和长短时记忆网络（LSTM）的模型在机器翻译、情感分析和文本生成等任务上取得了显著进展。这些模型能够理解和生成自然语言，为智能客服、语音助手等应用提供了强大的技术支持。

此外，强化学习作为连接主义学派的一个重要分支，在游戏 AI、机器人控制等领域也取得了重大突破。例如，AlphaGo 的胜利展示了深度强化学习在解决复杂策略问题方面的潜力。

连接主义学派的主要研究特点是将人工神经网络与数据相结合，实现对数据的归纳学习从而达到发现知识的目的。

（三）行为主义学派

行为主义又称进化主义或控制论学派，其主要思想是从人脑智能活动所产生的外部表现行为角度研究探索人类智能活动规律。这种行为的特征可用感知—动作模型表示。这是一种以控制论的思想为基础的学派。有关行为主义学派的研究工作早在人工智能出现前的 20 世纪 40 年代的控制理论及信息论中就有很多研究，在人工智能出现后得到很大的发展，其近代的基础理论思想如知识获取中的搜索技术以及 Agent 为代表的"智能代理"方法等，而其应用的典型即是机器人，特别是智能机器人。在近期人工智能发展新的高潮中，机器人与机器学习、知识推理相结合，所组成的系统成为人工智能新的标志。

二、人工智能的基础理论

人工智能的基础理论分两个层次：第一层次是人工智能的基本概念、研究对象、研究方法及学科体系；第二层次是基于知识的研究，它是基础理论中的主要内容，包括下面的内容：

第一，知识与知识表示。人工智能研究的基本对象是知识，它所研究的内容是以知识为核心的，包括知识表示、知识组织管理、知识获取等。在人工智能中知识因不同应用环境而可有不同表示形式，目前常用的就有十余种，其中最常见的有：谓词逻辑表示、状态空间表示、产生式表示、语义网络表示、框架表示、黑板表示以及本体与知识图谱表示等多种表示方法。

第二，知识组织管理。知识组织管理就是知识库，它是存储知识的实体，且具有知识增、删、改及知识查询、知识获取（如推理）等管理功能，此外还具有知识控制，包括知识完整性、安全性及故障恢复功能等管理能力。知识库按知识表示的不同形式管理，即一个知识库中所管理的知识其知识表示的形式只有一种。

第三，知识推理。人工智能研究的核心内容之一是知识推理。此中的推理指的是由一般性的知识通过它而获得个别知识的过程，这种推理称为演绎性推理。这是符号主义学派所研究的主要内容。知识推理有多种不同方法，它可因不同的知识表示而有所不同，常用的有基于状态空间的搜索策略方法、基于谓词逻辑的推理方法等。

第四，知识发现。人工智能研究的另一个核心内容是知识归纳，又称知识发现或归纳性推理。此中的归纳指的是由多个个别知识通过它而获得一般性知识的过程，这种推理称为归纳性推理。这是连接主义学派所研究的主要内容。知识归纳有多种不同方法，常用的有人工神经网络方法、决策树方法、关联规则方法以及聚类分析方法等。

第五，智能活动。智能活动是行为主义学派所研究的主要内容。一个智能体的活动必定受环境中的感知器的触发而启动智能活动，活动产生的结果通过执行器对环境产生影响。

三、人工智能的未来发展

随着信息技术的飞速发展，人工智能得到了迅猛的发展，"对我国的基础生产业与高端技术行业都带来了新的愿景与发展道路。同时人工智能的逐渐成熟也能从根本上改变人类劳动的速度、广度与深度，大力提供科技生产力。"①

(一) 技术进步与算法优化

在人工智能的发展中，技术的进步和算法的优化起着至关重要的作用。随着计算能力的显著提升，尤其是高性能计算和云计算技术的广泛应用，人工智能的运算速度和效率得到了前所未有的提升。算法的优化，尤其是深度学习和强化学习技术的不断完善，进一步推动了 AI 在处理复杂问题上的能力。深度学习通过模拟人脑神经网络的工作原理，使得机器能够进行自我学习和认知，从而更好地理解和处理非结构化数据。强化学习则通过奖励机制，使 AI 在不断的尝试和错误中学习，提高其决策能力。此外，量子计算等新兴技术的出现，为人工智能的发展提供了强大的动力，有望在未来解决传统计算无法处理的复杂问题。

(二) 应用领域的拓展

人工智能的应用领域正在迅速拓展，渗透到人类社会的各个角落。在医疗领域，AI 通过分析大量的医疗数据，协助医生进行更准确的疾病诊断和治疗方案制订，提高医疗服务的质量和效率。在交通领域，自动驾驶技术的发展将减少交通事故，提高出行效率，同时也为未来智能交通系统的构建奠定了基础。在教育领域，AI 可以根据学生的学习习惯和能力，提供个性化的学习方案，实现教育的个性化，满足不同学生的需求。在金融领域，AI 通过大数据分析和机器学习，帮助银行和企业实现更精准的风险评估和投资决策，提高金融服务的智能化水平。此外，人工智能还将在环境保护、能源管理、城市管理等领域发挥重要作用，推动社会可持续发展。随着技术的不断进步，人工智能的应用领域将继续扩大，为人类社会带来更多创新和变革。

① 徐大海. 中国人工智能发展态势及其促进策略 [J]. 电子世界，2020(9)：75.

(三) 人机协同与共生

随着人工智能技术的不断成熟和普及，人类与机器之间的协作将变得更加紧密和高效。在未来的工作环境中，人机协同将成为一种新常态。人类将更多地专注于创新、策略制订和复杂决策等高智能活动，而机器则承担起处理烦琐、重复或高风险的任务。这种分工不仅提高了工作效率和质量，还释放了人类的创造力和潜能。例如，在制造业中，机器人可以负责精确和重复性高的工作，而人类工程师则专注于设计和改进生产流程。在医疗领域，AI可以协助医生进行数据分析和诊断，而医生则专注于病人的治疗和关怀。此外，人工智能的发展还将催生新的职业和岗位，如AI训练师、数据标注专家等，为人类提供更多的就业机会，并要求人们不断提升自身技能以适应新的工作环境。

(四) 智能社会的构建

人工智能的发展正在推动向智能社会的转型。在智能社会中，AI技术将被广泛应用于各个领域，极大地提升生活的便捷性、效率和安全性。智能家居系统可以根据居住者的习惯自动调节室内温度、照明和安全监控，提高居住舒适性和安全性。智能出行系统，如自动驾驶汽车和智能交通管理，将减少交通拥堵，降低事故率，提升出行体验。在教育领域，智能教育平台可以根据学生的学习进度和能力提供个性化的学习资源和建议，实现教育的个性化和高效化。政府和企业也将利用AI技术提高治理效率和服务水平，例如通过智能数据分析优化城市规划、提高公共服务的响应速度和质量。智能社会的构建不仅提升了人们的生活质量，也为社会的和谐稳定和可持续发展提供了强有力的技术支持。

(五) 全球合作与竞争

在全球范围内，人工智能的发展正成为各国竞相争夺的技术高地。一方面，国际合作和技术交流对于推动人工智能技术的进步至关重要。国家之间通过共享研究成果、建立联合研究项目、参与国际技术标准制订等方式，共同推动人工智能技术的发展。例如，国际组织如世界经济论坛（WEF）和联合国教科文组织（UNESCO）经常举办关于 AI 的国际会议，促进全球范围内的知识交流和合作。另一方面，随着 AI 技术的战略意义日益凸显，各国也在加强自身的研发能力，关注技术安全和知识产权保护，以确保在激烈的国际竞争中保持优势。例如，欧盟通过实施通用数据保护条例（GDPR）来加强对个人数据的保护，同时推动 AI 技术的伦理使用。这种合作与竞争并存的局面，不仅促进了全球范围内的技术创新，也为产业发展带来了新的机遇和挑战。

（六）跨界融合与创新

人工智能技术的发展正推动着不同领域之间的跨界融合，这种融合不仅促进了技术的创新，也催生了新的产业和应用。例如，AI 技术与生物技术的结合正在推动医疗领域的革命性变革。通过大数据分析和机器学习，AI 可以在疾病诊断、基因编辑、药物研发等方面发挥重要作用，极大地提高了医疗服务的效率和准确性。在艺术领域，AI 与艺术的结合正在创造出全新的艺术形式和表达方式。AI 可以通过学习大量的艺术作品，创作出独特的音乐、绘画和文学作品，为艺术创作带来新的灵感和视角。在制造业，AI 与制造业的结合正推动着智能制造和产业升级。通过智能化的生产流程、预测性维护和供应链管理，AI 可以提高生产效率，降低成本，推动制造业向更加智能化、柔性化和绿色化的方向发展。这种跨界融合不仅为人类社会带来了更加丰富的创新成果，也为经济和社会的可持续发展提供了新的动力。

第二节 人工智能技术及专家系统的开发

一、人工智能主要技术

（一）信息搜索技术

搜索是利用计算机强大的计算能力来解决自身可以解决的问题。其思路很简单，就是把问题的各个可能的解交给计算机进行处理，从中找出问题的最终解或一个较为满意的解，从而可以用接近算法的角度，把搜索的过程理解为根据初始条件和扩展规则构造一个解答空间，并在这个空间中寻找符合目标状态的过程。

搜索引擎是一种用于帮助网络用户查询信息的搜索工具，它以一定的策略在网络中搜集、发现信息，对信息进行理解、提取、组织和处理，并为用户提供检索服务，达到信息导航的目的。

搜索引擎是在万维网上查找信息的工具，为了实现协助用户在万维网上查找信息的目标，搜索引擎需要完成收集、组织、检索万维网信息并将检索结果反馈给用户这一系列的操作。一般来说，完成信息搜索引擎的任务，需要两个过程：一是在服务器方，也就是服务提供者对网络信息资源进行搜索分析标引的过程（称作信息标引过程）；二是当用户方提出检索需求时，服务器方搜索自己的信息索引库，然后发送给用户的过程（称作提供检索过程）。

1. 搜索引擎的部件

用户通过检索表达式页面的填写反映出自己的检索意向，向系统送交请求。系统答复后，用户可以根据具体情况，决定是否访问资源所在地。信息搜索引擎在整个信息检索过程中起到了指南和向导的作用，方便了人们的检索。对应以上两个过程，搜索引擎一般需要以下四个不同的部件来完成：

（1）搜索器。功能是在互联网中漫游、发现和搜集信息。

（2）索引器。功能是理解搜索器所搜索的信息，从中抽取出索引项，用于表示文档以及生成文档的索引表。

（3）检索器。功能是根据用户输入的关键词在索引器形成的倒排表中进行查询，同时完成页面与查询之间的相关度评价，对将要输出的结果进行排序，并实现某种用户相关性反馈机制。

（4）用户接口。作用是输入用户查询、显示查询结果、提供用户相关性反馈机制。

搜索引擎系统由数据抓取子系统、内容索引子系统、链接结构分析子系统和信息查询子系统四个部分组成。

信息搜索模型是信息搜索系统的核心，它为搜索系统信息的有效获取提供了重要的理论支持。目前文本信息搜索的方法有：基于关键字匹配的检索方法，基于主题的搜索引擎，启发式的智能搜索方法等。研究与开发文本信息搜索的技术重点是自动分词技术、自动摘要技术、信息的自动过滤技术、自然语言的理解识别技术。

2.搜索引擎的类别

搜索引擎可分为如下三类：

（1）一般搜索引擎，也是一般网民经常在网络上用到的搜索工具，通常分为三类：基于 Robot 的搜索引擎、分类目录、两者相结合的搜索引擎。

（2）元搜索引擎，是对分布于网络的多种检索工具的全局控制机制，它通过一个统一用户界面帮助用户在多个搜索引擎中选择和利用合适的搜索引擎来实现检索操作。

（3）专题性搜索引擎，满足针对特定领域、专业或学科最全，其服务对象是专业人员与研究人员。

搜索引擎的其他分类方法还有：按照自动化程度分为人工与自动引擎；按照是否具有智能功能分为智能与非智能引擎；按照搜索内容分为文本搜索引擎、语音搜索引擎、图形搜索引擎、视频搜索引擎等。

搜索引擎的发展朝着这四个趋势进行：①各种搜索引擎走向不断融合；②多样化和个性化的服务；③强大的查询功能；④本地化。

（二）卷积神经网络

在各种深度神经网络中，卷积神经网络（CNN）是应用最广泛的一种，CNN 在早期被成功应用于手写字符图像识别。2012 年更深层次的 AlexNet 网络取得成功，此后 CNN 蓬勃发展，被广泛用于各个领域，在很多问题上都取得了最好的性能，在多个领域的应用中相当成功。"卷积神经网络是深度学习模型中最常用的网络模型之一，它已在图像处理、语音识别等领域展现了良好的性能。"①

CNN 是深度学习的一种，因此具有深度学习的共同特性。他们在 CNN 中通过以下原理实现：

第一，CNN 在功能上完成特征学习能力与分类学习能力。

第二，CNN 在结构上是一种多层 BP 神经网络，它由两部分组成：一是通过多个隐藏层以获取特征学习能力；二是由一个隐藏层的 BP 网络完成

---

① 万智康，乐文波，曹哲，等.基于卷积神经网络的球鞋鉴定方法 [J].长江信息通信，2023，36（2）：16.

分类学习能力。这两者的有机结合组成了一个完整的 CNN。

第三，CNN 获取特征学习能力的隐藏层是通过卷积层与池化层等实现的，在此中可使用不带标号的数据进行训练。以卷积层与池化层所组成的隐藏层是有多个层次的，他们通过多层操作完成特征的提取与选择。其中，卷积层完成特征的提取，池化层完成特征的选择。

第四，CNN 的卷积层结构完全采用传统 BP 神经网络中的隐藏层结构形式，而池化层结构则采用对图像某一个区域用一个值代替的形式。

第五，CNN 通过局部感受区域（或称为感受野）作为网络的输入，形成多个卷积核所组成的卷积层，并在后期再将其组合成全连接层。全连接层即传统 BP 神经网络中的隐藏层。它完成了由局部到全局的过程。

第六，CNN 是由多个层组织而成的，包括输入层、卷积层、池化层、全连接层、输出层。

第七，在卷积层和池化层中可以用无标号数据训练；而输入层、全连接层、输出层则是一个 BP 网络，它需要用带标号数据训练。

第八，由多个层次所组成的 CNN 从输入的图像开始进入多个卷积层（与池化层），每过一层都经历了"去粗取精，去伪存真"的过程，得到一个比上一层更为浓缩、特征更为明显的图，称为特征图。在卷积层中，前面的卷积层捕捉图像局部、细节信息，后面的卷积层捕获图像更复杂、更抽象的信息。经过多个卷积层的运算，最后得到图像在各个不同尺度的抽象表示。

CNN 结构起源于模拟人脑视觉皮层中的细胞之间的结构原理，人类大脑的视觉皮层具有分层结构，其观察事物是由局部到全局的过程。因此，CNN 适用于计算机视觉领域应用以及图像处理领域应用，此后，经不断改进，同时也适用于声音、文字等领域应用。

（三）自然语言处理技术

语言是用于传递信息的表示方法、约定和规则的集合，是音义结合的词汇和语法体系，语音和文字是构成语言的两个基本属性。自然语言是区别于形式语言或人工语言的人际交流的口头语言和书面语言。自然语言处理是研究用计算机处理人类语言文字的学科，其研究目标是用计算机实现对自然语言形态的文字及信息的处理，是一门涉及计算机科学、语言学、数学、认知科学、逻辑学、心理学等学科的交叉学科。自然语言处理宏观上指机器能够执行人类所期望的某些语言功能，微观上指从自然语言到机器内部之间的一种映射。自然语言处理也称为计算语言学。"自然语言处理作为人工智能领域的重要分支，近年来得到了显著的发展。"[①]

由于来自互联网产业和传统产业信息化的各种应用需求的推动，更多的研究人员和更多的经费支持进入了自然语言处理领域，有力地促进了自然语言处理技术和应用的发展。语言数据的不断增长、可用的语言资源的持续增加、语言资源加工能力的稳步提高，为研究人员提供了发展更多语言处理技术、开发更多应用、进行更丰富评测的平台。近年来深度学习技术的飞速发展，刺激了对新的自然语言处理技术的探索。同时，来自其他相近学科背景、来自工业界的人员的不断加入，也为自然语言技术的发展带来了一些新思路。计算和存储设备的飞速发展，为社会提供了越来越强大的计算和存储能力，使得研究人员有可能构建更为复杂精巧的计算模型，处理更为大规模的真实语言数据。

自然语言处理研究内容不仅包括词法分析、句法分析，还涵盖了语音识别、机器翻译、自动问答、文本摘要等应用和社交网络中的数据挖掘、知识理解等。自然语言处理的终极问题是分析出"处理"一门自然语言的过程。近年来，随着自然语言处理技术的迅速发展，出现了一批基于自然语言处理技术的应用系统。

（四）语音处理与识别

语音识别系统需要几个层次的处理。词语以声波传送，声波也就是模拟信号，信号处理器传送模拟信号，并从中抽取诸如能量、频率等特征。这些特征映射为单个语音单元（音素）。单词的发音是由音素组成的，因此最终阶段是将"可能的"音素序列转换成单词序列。构成单词发音的独立单元是音素，音素可能由于上下文不同而发音不同。

语音的产生要求将单词映射为音素序列，然后将之传送给语音合成器，单词的声音通过说话者从语音合成器发出。

---

① 赵春昊，陈敏刚，徐斯颖，等. 自然语言处理系统测评及标准化研究 [J]. 信息技术与标准化，2023（10）：48.

　　声波在空气压力下会发生变化。振幅和频率是声波的两个主要特征，振幅可以衡量某一时间点的空气压力，频率是振幅变化的速率。当对着麦克风讲话时，空气压力的变化会导致振动膜发生振荡，振荡的强度与空气压力（振幅）成正比，振动膜振荡的速率与压力变化的速率成正比，因此振动膜离开它的固定位置的偏移量就是振幅的度量。根据空气是压缩的或是膨胀（稀薄）的，振动膜的偏移可以被描述为正或负。偏离的幅度取决于当振动膜在正值与负值之间循环时，在哪一个时间点测量偏差值。这些度量值的获取称为采样。当声波被采样时，绘制成一个 x-y 平面图，x 轴表示时间，y 轴表示振幅，每秒钟声波重复的次数为频率。每一次重复是一个周期，所以，频率为 10 意味着 1 秒内声波重复 10 次——每秒 10 个周期或更一般地表示为 10Hz。

　　声音的音量与功率的大小有关，与振幅的平方有关。用肉眼观察声波的波形得不到多少信息，只能看出元音与大多数辅音的差别，仅仅简单地看一下波形就确定一个音素是元音还是辅音是不可能的。从麦克风所捕获的数据包含了所需单词的信息，否则不可能将语音记录下来，并将其回放为可理解的语音。语音识别的要求是抽取那些能够帮助辨别单词的信息，这些信息应该很简洁而且易于进行计算。典型地，应该将信号分割成若干块，从块中抽取大量不连续的值，这些不连续的值通常称为特征。信号的每个块称为帧，为了保证落在帧边缘的重要信息不会丢失，应该使帧有重叠。

　　人们说话的频率在 10kHz 以下（每秒 10000 个周期）。每秒得到的样本数量应是需要记录的最高语音频率的两倍。

　　在语音识别中，常用另一种称作线性预测编码（Linear Predictive Coding，LPC）的技术来抽取特征。傅里叶变换可用来在后一阶段中提取附加信息。LPC 把信号的每个采样表示为前面采样的线性组合。预测需要对系数进行估计，系数估计可以通过使预测信号和附加真实信号之间的均方误差最小来实现。

　　频谱代表波不同频率的组成成分，它可以利用傅里叶变换、LPC 或其他方法得到。频谱能识别出与不同音素相匹配的主控频率，这种匹配可以产生不同音素的可能性估计。

　　综上所述，语音处理包括从一段连续声波中采样，将每个采样值量化，产生一个波的压缩数字化表示。采样值位于重叠的帧中，对于每一帧，抽取出一个描述频谱内容的特征向量。然后，音素的可能性可通过每帧的向量来计算。

二、人工智能专家系统及开发

(一) 知识工程与专家系统

在人工智能的漫长发展历程中，知识工程与专家系统的出现无疑标志着这一领域迈入了全新的阶段。它们不仅是技术的革新，更是思维方式的转变，引领着人工智能从理论走向实践，从单一走向多元。

知识工程，作为人工智能的一个应用型分支学科，其出现标志着人工智能真正步入了实用性阶段。它之所以具有如此重要的地位，源于其两大核心要素：知识与工程化方法。知识，作为人工智能学科的研究对象与中心，是知识工程的基础。人工智能旨在模拟人类的智能行为，而智能行为的本质在于对知识的获取、处理和应用。因此，知识工程的首要任务便是研究如何有效地表示、存储和管理知识。而工程化方法，则是知识工程得以实现的关键。它将人工智能中的知识信息用计算机中的工程化方法进行处理，使得知识能够被计算机所理解和运用。这种方法论的研究，不仅促进了人工智能应用的发展，也为人工智能的进一步普及和推广奠定了基础。

知识工程的思想一经提出，便在人工智能界引起了强烈的反响。它为人工智能的发展开辟了新的方向，使得人工智能的应用范围得到了极大的拓展。在这一思想的指导下，人工智能进入了第二个发展阶段，即知识工程带动下的专家系统时代。

专家系统，作为知识工程中的一种应用系统，其重要性不言而喻。它是一个计算机系统，通过知识与推理实现或替代人类专业技术人员的工作。这种系统的出现，极大地提高了工作的效率和准确性，降低了对专业人员的依赖。在医疗、金融、工业等领域，专家系统都展现出了巨大的应用潜力。例如，在医疗领域，专家系统可以根据病人的症状和病史，辅助医生进行疾病的诊断和治疗方案的制订；在金融领域，专家系统可以帮助银行和企业进行风险评估和投资决策；在工业领域，专家系统可以优化生产流程、提高生产效率。

专家系统的出现，不仅解决了许多实际问题，也为人工智能的应用开辟了新的领域。自然语言理解、语音识别、人机博弈、无人驾驶等领域都因专家系统的引入而焕发出新的生机。这些领域的研究高潮不断，成果丰硕，为人工智能的进一步发展提供了强有力的支撑。

（二）专家系统的组成

1. 知识库

专家系统中有多个领域知识，如肝病诊治专家系统即有多个有关诊断与治疗肝病的知识。他们以事实与规则表示，并采用一定的知识表示形式，如逻辑表示形式、产生式表示形式等，而目前以知识图谱表示形式为多见。在专家系统中将这些众多领域知识集合于一起组成一个知识库以便于系统对知识的访问、使用与管理，如知识查询、增加、删除、修改等操作以及知识推理等。知识库是一个组织、存储与管理知识的软件，它向用户提供若干操作语句，为用户使用知识库提供方便。知识则是存储于知识库内的知识实体。对不同专家系统，他们可以有相同的知识库，但是有不同的知识实体。

2. 知识获取接口

知识库中知识是由专门从事采集知识的工作人员从专家处经分析、处理并总结而得，这些人员称为知识工程师。在传统的专家系统中，原始知识获取即通过这种人工方法获得的。在现代专家系统中可通过机器学习、大数据等多种自动方法获得。在获得知识后需要有一个接口将他们从外部输入知识库，这就是知识获取接口。知识库一旦获得了知识后，就能在专家系统中发挥作用。

3. 推理引擎

在专家系统中，知识库是核心，但仅有知识是不够的。为了得出所需的结果，系统必须能够对知识进行推理。例如，在肝病诊治专家系统中，除了包含诊断和治疗肝病的知识外，系统还需要模拟专家的思维过程，对这些知识进行推理，以得出正确的诊断结果和治疗方案。推理引擎是实现这一过程的软件，它是一种自动的演绎推理软件，其设计和功能可能会因知识表示方法的不同而有所差异。推理引擎的主要任务是根据输入的数据和知识库中的规则，通过逻辑推理得出结论或建议。这个过程可能包括匹配、推理、回溯等步骤，确保专家系统能够有效地模拟专家的决策过程。

4.系统输入／输出接口

专家系统的主要目的是为用户提供服务，因此，系统需要具备与用户交互的输入／输出接口，以建立系统与用户之间的联系。输入接口允许用户以一定的方式将需求输入系统，例如通过图形用户界面（GUI）、命令行界面或语音识别系统。这些输入可能是具体的问题、数据或指令，专家系统根据这些输入进行工作。输出接口则负责将专家系统的运行结果以用户友好的方式呈现给用户，例如通过文本、图表、声音或可视化界面。输出可以是问题的解答、决策建议、数据分析和预测等。为了提高用户体验，输入／输出接口通常设计得直观易用，确保用户能够轻松地与专家系统进行交互。此外，专家系统的人机交互界面也应当具备一定的容错性和适应性，以处理用户输入的不确定性和多样性。

5.应用程序

专家系统的应用程序是连接系统各部分的桥梁，它协调输入／输出接口、知识库、推理引擎之间的关系，并监督推理引擎的运行。这个程序确保专家系统能够顺畅地接收用户输入、处理数据、访问知识库、执行推理任务，并将结果有效地呈现给用户。

在传统的专家系统中，由于流程相对简单，监督需求较少，应用程序的功能可能被简化或者集成到其他组件中，因此在某些情况下可以省略。然而，在现代专家系统中，随着流程的复杂化和功能的多样化，应用程序的作用变得至关重要。它不仅要管理复杂的交互流程，还要确保系统的高效运行和稳定性。应用程序需要处理各种可能的用户输入，优化知识库的访问和更新，以及监督推理引擎的准确性和效率。

（三）专家系统的开发探索

1.专家系统的开发工具

目前用于专家系统的开发工具，一般分为以下两种：

（1）计算机程序设计语言。用计算机程序设计语言开发可以用多种不同语言开发专家系统，例如：①通用的程序设计语言：C、C++、C#、Java、Python等；②专用的程序设计语言：Lisp、Prolog、CliPt等；③其他的语言与工具。当开发大型、复杂的专家系统时需要用多种类型的计算机程序设计语言开发，以期取得较好的开发效果。

（2）专用开发工具。在一般情况下，专家系统开发使用专用的专家系统开发工具，目前有多种这方面的专家系统开发工具。早期典型的有 EMY-CIN、KAS、EXPERT 等。这些开发工具通常是利用一些已成熟的用计算机程序设计语言开发的专家系统抽取知识库中的具体知识演化而成的。与具体的专家系统相比，它保留了原系统的基础框架（知识库、接口与推理引擎）而对用户输入 / 输出接口中的人机界面由专用的扩充成通用的。

利用专家系统开发工具只要将不同领域知识填充至知识库中，并编写一个应用程序即可使用已有的推理引擎，通过输入 / 输出接口即可构成一个新的专家系统。专家系统开发工具目前因不同类型及不同知识表示方法而有很多种类。这是由于不同的知识表示方法，有不同知识推理引擎与知识获取接口，同时因不同专家系统类型，输入 / 输出接口也有所不同。不同的专家系统应根据不同类型与知识表示而选用不同专家系统开发工具。

2. 专家系统的开发人员

专家系统的开发是一个跨学科的复杂过程，它不仅涉及人工智能领域，也属于计算机应用系统的范畴。因此，在专家系统的开发过程中，需要以下两方面的专业人员共同参与：

（1）人工智能和专家系统专业人员：这部分人员主要包括知识工程师。知识工程师是专家系统开发团队中的核心成员，他们负责将领域专家的知识和经验转化为计算机可以理解和处理的规则和逻辑。知识工程师需要具备深厚的专业知识，能够理解复杂的专业概念，并将其转化为清晰、准确的知识表示。此外，他们还需要具备良好的沟通能力，以便与领域专家有效合作，确保知识的准确性和完整性。

（2）计算机应用系统开发人员：这部分人员包括系统及软件分析员、编码员、测试员及运行维护员等。系统分析员负责理解专家系统的需求，设计系统的架构和功能模块。编码员根据系统设计进行具体的编程工作，实现专家系统的各项功能。测试员负责对系统进行全面的测试，确保系统的稳定性和准确性。运行维护员则负责系统的日常运行和维护，确保系统持续稳定地服务于用户。

这两部分人员的分工合作是专家系统开发成功的关键。人工智能专家负责确保系统的智能和专业知识处理的准确性，而计算机应用系统开发人员则确保系统在技术层面的高效和稳定运行。通过这种跨学科的合作，专家系统才能有效地模拟专家的决策过程，提供专业的解决方案。

3. 专家系统的开发步骤

专家系统的开发总体来说是一种计算机软件开发，因此一般需遵从软件工程开发原则，并适当变通。以常用的专家系统开发工具的方法以及人工获取知识的手段为前提，对开发步骤做介绍。

开发一个专家系统一般可分为以下开发步骤：

（1）系统需求分析。在需求分析中需做：①确定专家系统的目标，即专家系统类型；②确定专家系统知识来源以及确定所用知识的表示方法；③确定应用程序工作流程。需求分析后，需编写需求分析说明书，作为文档保存。参与此步骤的开发人员应是知识工程师及软件分析员。

（2）系统设计。在完成需求分析后即进入系统设计阶段，在此阶段中需完成三项工作：①根据专家系统类型以及知识的表示方法确定所选用的开发工具；②由知识工程师根据知识来源，通过总结、整理、归纳最终得到该专家系统的知识；③由应用程序工作流程组织软件程序模块。系统设计过程中，须编写系统设计说明书，作为文档保存。参与此步骤的开发人员应是知识工程师及软件分析员。

（3）系统平台设置。根据系统设计设置系统平台，包括两个方面：①系统硬件平台：如计算机平台、计算机网络平台等。②系统软件平台：如计算机平台中的操作系统、开发工具及知识库工具等；计算机网络平台中的开发工具及知识库工具等。系统平台设置过程中，需编写系统平台设置说明书，作为文档保存。参与此步骤的开发人员应是系统及软件分析员。

（4）系统编码。系统编码，分为两个部分内容：①知识编码。按开发工具提供的编码方式对知识编码，并在编码后通过知识获取接口将他们依次录入开发工具的知识库中。②应用程序编码。按开发工具提供的编码方式对软件程序模块编码，并在编码后将他们放入开发工具相应的应用程序中。系统编码过程中，需编写知识列表清单及源代码清单，作为文档保存。在完成系统编码后，一个具有实用价值的专家系统就初步完成。参与此步骤的开发人员应是知识工程师及编码员。

（5）系统测试。对编码完成的专家系统做测试。测试的主要内容是针对专家系统中的知识与应用程序进行的，包括两项：①局部测试：包括对知识库中的知识做测试以及对应用程序做测试。②全局测试：在做完局部测试后即进入全局测试，包括开发工具与应用程序以及安装有知识的知识库这三者间的联合测试。在完成测试后需编写测试报告，作为文档保存。编码员需根据测试报告要求对专家系统调整与修改，使其能达到需求分析的要求。参与此步骤的开发人员应是测试员及编码员。

（6）系统维护。经过测试后的专家系统可以正式投入运行。在运行过程中还需不断对系统做一定的维护。这种维护包括：①知识库的维护：对知识库做增、删、改等维护。②应用程序的维护：对应用程序做不断调整与修改。在运行过程中需每日填报运行记录。在每次维护后需填报维护记录作为文档保存。参与此步骤的开发人员应是知识工程师及运行维护员。

第三节　人工智能技术的多元化创新应用

一、人工智能在医疗领域的应用

"人工智能技术作为一项涵盖计算机科学、数学、统计学、心理学等多个学科的交叉性技术，旨在构建能够模仿人类智能的计算机系统，实现智能化的数据分析"。[①] 人工智能赋予计算机执行认知功能的能力，如解决问题、目标识别、基于知识进行推理和学习等，通过模拟人类的意识和思维过程，做出与人类智能相似的反应和行为。近年来，我国开始大力推行"互联网＋健康医疗"的政策方针和发展理念，AI 技术在医疗领域的应用得到不断扩展和延伸。

---

① 王孝春，唐生.人工智能技术与应用与分析 [J].数字技术与应用，2024，42
（1）：101.

(一)临床诊疗方面

1.辅助诊断

"推进临床路径管理及其信息化建设是医院重要工作之一。"[①] 人工智能在临床医疗的应用日益广泛，尤其在辅助诊断方面展现出显著的优势。随着技术的进步，人工智能系统能够处理和分析大量医疗数据，包括影像、病历和实验室报告，从而辅助医生做出更准确和快速的诊断。

在辅助诊断方面，人工智能主要表现在以下方面：

（1）人工智能在影像诊断上的应用。通过深度学习和计算机视觉技术，人工智能系统能够快速识别和解读医学影像，如 X 光片、CT 扫描和 MRI。这些系统不仅能提高诊断的速度，还能在识别微小病变和早期疾病方面展现出超越人眼的能力。例如，人工智能在诊断皮肤癌、肺癌和乳腺癌等疾病的准确率上可与资深医生相媲美。

（2）人工智能在病理诊断上的应用。病理诊断是通过显微镜观察细胞和组织样本来确定疾病的过程。人工智能系统通过分析病理图像，能够帮助病理医生识别癌症和其他疾病的特征。这种方法不仅减少了人为误差，还提高了诊断的一致性和效率。

（3）人工智能在基因组学和生物标志物分析上的应用也日益显著。通过对患者的基因组数据进行深度分析，人工智能能够帮助医生发现与特定疾病相关的遗传变异，从而为患者提供更为个性化的治疗方案。

2.辅助决策

随着医疗信息变得越来越复杂，临床医生需要综合考虑多种因素才能做出恰当的诊疗决策。基于 AI 技术的临床决策支持系统（CDSS）为挖掘海量的电子病历数据提供了强大工具和手段，它可以模仿临床决策者的认知过程，辅助临床医生进行决策，指导患者用药，从而改善患者状况，同时也有助于提高决策效率和准确率，减轻了临床医生和其他医疗保健专业人员的负担。

在中医领域，CDSS 的应用是我国 AI 技术研究的一大特色。大量的临

---

① 徐维维，侯冷晨，张戟，等.基于人工智能的临床路径管理及其对诊疗质量的影响 [J]. 中国医院管理，2019，39(12)：34.

床记录、古今中医著作、中医临床指南和循证医学研究成果是中医 CDSS 的核心资源，在此基础上，本体技术、智能引擎以及机器学习等相关信息技术为中医 CDSS 的构建提供了支持。中医临床决策系统是目前较为成熟的 CDSS 之一，该系统利用 AI 技术构建中医临床指南、专家经验、古今中医著作等文本数据的知识图谱，并基于指南、著名专家经验、循证医学等提供多种决策服务，实现对中医临床诊疗的决策支持。

(二) 医学研究方面

1. 临床研究

（1）临床试验研究。临床试验往往需要严格控制试验条件，满足道德伦理要求，另外还涉及试验注册等问题，需要大量的时间和资金投入。AI 技术可用于自动分析电子病历数据和临床试验资格数据库，自动识别相关试验和特定患者之间的潜在匹配，并将这些匹配推荐给医生和患者，也可主动挖掘公开可用的临床试验数据库和社交媒体等，帮助患者更快地了解感兴趣的试验，并提供与临床医生接触的方式和渠道，进一步评估是否满足试验要求。

近年来，计算机虚拟临床试验概念的出现为开展预测性、预防性、个性化的医学研究提供了新的途径，可以在一定程度上解决临床设计困难、受试者不足、试验成本高等问题。虽然计算机虚拟临床试验在降低成本、保证安全性方面具有显著优势，但现阶段是否能取代真实的临床试验还未可知。

（2）真实世界研究。与严格限制各项研究条件的临床对照试验不同，近年广受关注的真实世界研究强调从实际临床诊疗环境或社区、家庭等真实场景中获得数据，其规模更大、证据资源更丰富，符合临床实际情况的特点，被认为与中医"个体化""经验为主"的诊疗特点更加契合，目前在国内的应用主要集中在中医药领域。

随着大数据时代的来临，将真实世界实践中所产生的信息数据化、数字化，从不同思维角度去再现、分析、重构等已经成为一种现实，AI 的快速发展与"互联网+"技术的不断革新，为处理真实世界的大样本提供了稳定可靠的研究平台。将 AI 技术引入中医药真实世界临床研究领域，可全面采集临床各类诊疗信息并在海量数据基础上，对个体患者的病证方药进行精准预测，实现对中医诊断准确性、治疗有效性的评价，极大程度地解决中医药临床研究"复杂性、多样性"的问题，同时也是适应循证医学时代，顺应中医药客观化、规范化发展的必然选择。

2. 药物研发

（1）靶点识别。中医药整体观决定了中药具有多靶性、多向性、系统性等特点，因此中药多成分与多靶点之间的对应关系难以精准识别，将AI技术引入药物靶点识别的环节，可以有效解决这一难题，辅助进行潜在靶点群的选择。利用AI技术辅助进行中药作用靶点的识别，从活性成分—蛋白受体—组织表达的化学层面对中药作用机制进行量化和解释，也为中药归经体系的理论阐释和标准构建提供了新的角度和方法。

（2）化合物筛选。随着高通量筛选，深度基因组测序，临床试验等生物、化学、医药研究数据急速积累，AI以其强大的数据整合处理能力可实现低耗、高效地筛选化合物。使用AI技术可以从大量化合物中快速筛选出山楂酸、刺囊酸、雷公藤红素、羟基积雪草酸、积雪草酸和常春藤皂苷元等20个最佳候选天然产物小分子墨蝶呤还原酶抑制剂。通过使用集成学习中的随机森林与梯度提升决策树方法，构建"特征优化—机器学习"的混合模型，可在优化、提取分子指纹特征基础上完成抗纤维化中药化合物高通量的虚拟筛选任务，且具有较高预测概率。此外，支持向量回归以及分子对接等计算机模拟技术也被广泛应用于中药活性化合物的预测和筛选中，大大提高了筛选的效率和准确率，也为后续研究缩小了范围。

（3）中药质量评价。中药的质量是中医临床疗效的基础，客观评价和有效控制中药质量是中医药标准化的重中之重，AI技术的应用可帮助更新传统单一、经验为主的中药鉴定方法，为中药质量评估提供高效快捷的检测方式，并可推动建立中药质量定量化、客观化评价体系。随着AI技术的发展，如电子舌、电子鼻、电子眼、电子耳及电子皮肤等技术可以模拟真实人体感官，结合如红外光谱、高光谱成像、化学成像、拉曼光谱等新型分析技术，对中药饮片的形、色、气、味等性状信息进行特征识别和量化，可自动进行质量评价、质量控制以及产地鉴别等。此外，结合机器学习算法挖掘和整合海量数据的潜力，将中药饮片数据采集过程中收集的大量外观性状数据与内在成分数据进行分析，建立饮片质量与外在信息间的耦合关系，可为量化中药质量评价提供理论依据。

二、人工智能在教育领域的应用

人工智能作为最具影响力的新兴技术已被广泛应用到教育领域之中，为教育教学的变革带来了广阔机遇。

(一) 以学校 / 系统为主的人工智能应用

人工智能技术在教育领域的应用，旨在推动学校行政管理流程的自动化与现代化。这种技术融合了学校软件 (如教务管理系统) 和硬件设施，不仅创新了校园管理方式，还提升了行政效率。例如，智能办公系统在排课和考勤管理上的应用，而且增强了校园安全，智能安保巡逻和出入校核验系统对异常行为的及时预警和安全隐患的预防。此外，人工智能技术也助力学校塑造数字化形象，增强招生吸引力。对于拥有多校区的教育机构，数字校园的构建促进了教育资源的整合与共享，激发了创新和互动。

人工智能对教育的影响深远，不仅体现在提升学生学习能力、减轻教师教学负担、革新学校行政管理等方面，还表现在对家庭教育环境的改善。面对家长工作压力重、时间紧张、难以追踪孩子学习状况和辅导家庭作业的现状，人工智能教育系统提供了实时了解孩子学习进展的可能，并辅助家庭辅导，同时也为追求个性化教育的家庭提供了定制化教育方案。

(二) 以教师为主的人工智能应用

对教师而言，人工智能对教育的赋能作用主要体现在提高教学水平和提供教学辅助以减少教师重复性工作量这两个方面。在提高教学水平方面，人工智能技术在教育领域中的应用将帮助缓解教育水平发展不均的现状，弥合发达地区与欠发达地区之间的教育鸿沟，令发展落后地区的学生可以获得更多接受高质量和前沿教育的机会，以及弥补偏远地区教师数量与能力的短缺。此外，通过收集教学信息、学生日常学习表现、学生考试成绩等数据并进行智能分析，还可以提前帮助教师预判学生的学习情况，及时为学生提供教学辅导。

在提供教学辅助以解放教师方面，人工智能技术的应用可以提高教师的教学效率，帮助教师更快更好地完成教学任务。人工智能还可以将教师从批改作业、反复回答简单问题等重复性的低技能任务中解放出来，让教师可以更专注于高技能任务（如研究教育教学方法的革新，为学生提供升学和就业指导，为学生提供基础心理健康咨询）之上。

（三）以学生为主的人工智能应用

在人工智能技术的教育应用领域中，以学生为核心的应用占据了显著的地位。这些应用主要致力于增强学生的学习能力，提供高质量且定制化的学习机会，以及培养学生的终身学习能力。这一领域的应用对于政策制定者、技术研发人员和教育工作者而言，具有特别重要的意义。

人工智能在学生学习方式创新和能力提升方面的应用实践极为丰富和多元。其中包括智能导学系统（ITS），这种系统能够根据学生的个性化需求提供定制化的学习路径和资源。基于对话的导学系统则通过自然语言处理技术，模拟与学生的互动对话，提供实时反馈和指导。探索性学习环境通过虚拟实验室和模拟情境，鼓励学生进行自主探索和实践。作文自动评阅系统则利用自然语言处理技术，对学生的写作进行即时评估和反馈。人工智能支持的阅读和语言学习工具，如语音识别和自然语言理解技术，帮助学生提高语言技能。

此外，智能机器人、可教代理/智能导师的应用，通过模拟人类教师的指导方式，为学生提供个性化的学习支持。虚拟现实（VR）和增强现实（AR）技术则通过创建沉浸式学习体验，增强学生的实践操作能力和学习兴趣。学习网络协调器通过分析学生的学习数据，优化学习资源的分配和协作学习过程。人工智能支持的协作学习平台则促进学生的团队协作能力和社交技能的发展。

总体而言，以学生为中心的人工智能应用不仅丰富了学生的学习体验，而且通过个性化的学习支持，显著提升了学习效果和学习动力。这些应用在未来的教育实践中，有望发挥更加重要的作用。

三、人工智能在金融领域的应用

在当今信息化、数字化的时代背景下，金融领域正经历着一场由人工智能技术引领的深刻变革。金融领域作为一个数据密集、决策复杂的行业，对数据处理、分析和决策的需求日益增长。而人工智能以其卓越的数据处理能力为金融行业带来了前所未有的机遇和挑战。

(一) 风险评估

风险评估作为金融领域中的核心环节，直接关系到金融机构的资产安全和业务稳健。传统的风险评估方法往往依赖于人工经验和有限的数据样本，难以全面、准确地捕捉风险。然而，人工智能技术的引入彻底改变了这一局面。通过机器学习算法，人工智能可以对海量的历史数据和实时信息进行深度挖掘和分析，识别出潜在的风险因素和模式。这种基于大数据和算法的风险评估方法不仅提高了评估的准确性和效率，还为金融机构提供了更加科学、客观的决策依据。此外，人工智能还可以实时监测风险变化，为金融机构提供及时的风险预警和应对建议，有效降低了风险事件的发生概率。

(二) 交易自动化

金融市场是一个充满波动和不确定性的领域，交易机会稍纵即逝。传统的交易方式往往受限于人工操作的速度和精度，难以抓住最佳交易时机。而人工智能技术的引入为交易自动化提供了可能。人工智能交易系统可以实时监控市场动态，通过算法自动分析市场趋势和交易信号，实现快速、准确的买卖操作。这种自动化的交易方式不仅提高了交易效率，还降低了人为因素导致的交易风险。同时，人工智能还可以根据市场变化自动调整交易策略，实现更加灵活和智能的交易决策。

(三) 客户服务

随着金融市场的竞争加剧，客户服务质量成为金融机构赢得客户信任和提升竞争力的关键。传统的客户服务方式往往依赖于人工客服，存在服务效率低、响应速度慢等问题。而人工智能技术的引入为客户服务带来了智能化升级。智能客服机器人可以 24 小时在线，通过自然语言处理技术与客户进行交互，解答疑问、提供咨询。这种智能化的客户服务方式不仅提高了服务效率，还提升了客户满意度和忠诚度。此外，人工智能还可以根据客户的喜好和需求，提供个性化的金融产品和服务推荐，增强客户体验。

除了上述方面，人工智能在金融领域还有更多的创新实践。例如，人工智能可以用于信用评分和贷款审批，通过大数据分析客户的信用状况和还款能力，提高审批效率和准确性；人工智能还可以用于反欺诈和反洗钱等领域，通过监测和分析交易数据，及时发现和防范欺诈和洗钱行为。

第五章　数字孪生技术及其创新应用

数字孪生技术作为数字化转型的前沿领域，正逐步成为推动工业 4.0 和智能制造的关键力量。本章将深入探讨对数字孪生的认知、技术基础和架构设计。同时，探讨数字孪生技术在不同行业和领域的创新应用，揭示其在提升运营效率、优化决策过程和推动可持续发展中的潜力。

第一节　对数字孪生的认知

随着信息技术的飞速发展，"数字孪生作为一种实现信息物理融合、促进数字化转型和智能化提升的有效手段，受到国内外学术界、工业界和政府部门的广泛关注。"[①] 数字孪生通过对物理世界的精准映射和模拟，为复杂系统的管理、优化和决策提供了全新的视角和方法。研究数字孪生不仅有助于深化对物理世界的认知，更能推动智能化、自动化等前沿技术的发展，为社会进步和经济发展注入新的动力。

一、数字孪生的基本概念

数字孪生，一个近年来在学术界和工业界被频繁提及的术语，其应用领域极为广泛，横跨计算机科学、机械工程、数据分析等多个学科。术语的其他表述，如数字镜像、数字映射、数字双胞胎等，均试图从不同视角阐释其内涵和特性。尽管数字孪生覆盖的领域广泛且复杂，但是目前尚未形成一个统一且被广泛认可的定义。

数字孪生并非对物理实体进行单纯数字化复制，其复制过程是动态和

---

① 陶飞，张辰源，戚庆林，等. 数字孪生成熟度模型 [J]. 计算机集成制造系统，2022，28（5）：1267.

互动的。数字孪生的目标并非追求物理实体的完美镜像，因为在实际操作中，这种复制往往是理想化且无法完全捕捉物理世界的复杂性和变化性。数字孪生的核心价值在于实现物理世界与虚拟世界之间的协同和互补，通过虚拟模型对物理世界的模拟和优化，以实现更高效、更精确的决策和控制。

数字孪生与物理实体并非独立存在，而是通过深度融合和互动，形成一种超越简单叠加的关系。在此框架下，虚拟模型不仅模拟物理实体，还能实时反映其状态、行为和性能。利用数据分析和算法优化，数字孪生能够为物理实体的改进和优化提供指导。此外，物理实体也能通过数字孪生平台进行远程监控、控制和优化，以实现更高效率和智能化运作。

数字孪生与传统的仿真／虚拟验证、全生命周期管理等技术有本质区别。仿真／虚拟验证侧重于在虚拟环境中模拟和测试物理实体，以验证其性能和可靠性。而数字孪生则更侧重于实时的虚实交互、反馈，以及通过数据分析优化决策和控制。全生命周期管理虽关注物理实体的整个生命周期的状态和行为，但更侧重于管理和维护；相对地，数字孪生更注重通过虚拟模型进行实时优化和升级，以提升性能和效益。

尽管数字孪生尚未有一个统一的定义，但可以多角度地理解它。作为一种技术手段，数字孪生通过构建虚拟模型来模拟和优化物理实体；作为一种方法论，它提供了虚实交互和数据分析以优化决策和控制的途径；作为一种理念，它强调虚实协同，旨在通过虚拟世界提升物理世界的性能和效益。

随着技术的持续进步和应用领域的不断扩展，预计数字孪生将在智能制造、智慧城市、智能交通等多个领域发挥更加重要的作用。随着研究的深入和实践经验的积累，对数字孪生的理解和定义将逐渐趋于明晰。

二、数字孪生的核心特征

随着数字孪生概念的不断发展，国内外有很多文献分析总结了数字孪生的内涵和特征，但是不同的应用场景下的数字孪生系统所在生命周期中的不同阶段都呈现出不同的特征，因此，很难通过一个标准的特征来说某个应用系统"是"或者"不是"数字孪生系统。总体来说，和传统的建模仿真、实时监控、组态软件等相比，数字孪生系统有以下特征：

(一) 全生命周期的跨领域综合模型

第一，数字孪生作为仿真应用的发展和升级，与传统的仿真方式有着巨大的区别。数字孪生的模型贯穿物理系统的整个生命周期，以产品数字孪生为例，针对新产品的设计，传统的产品仿真主要涉及产品本身的建模与仿真工作，不包括其工艺优化、制造过程规划、服务运维、回收处置等阶段的模型与仿真。

而数字孪生不仅具备传统产品仿真的特点，从概念模型和设计阶段着手，先于现实世界的物理实体构建数字模型，而且数字模型与物理实体共生，贯穿实体对象的整个生命周期，建立数字化、单一来源的全生命周期档案，实现产品全过程追溯，完成物理实体的细致、精准、忠实的表达。因此，其模型的构建需要考虑产品全生命周期的数据和行为表述。

第二，现实产品往往包括机械、电子、电气、液压气动等多个物理系统，一个智能系统往往是数学、物理、化学、电子电气、计算机、机械、控制理论、管理学等多学科和多领域的知识集成的系统。多个物理系统融合、多学科、多领域融合是现实系统的运行特点。物理系统在数字空间的数字模型，需要体现这个融合，实现数字融合模型。这个融合包括了全要素、全业务、多维度、多尺度、多领域、多学科，并且能支持全生命周期的运行仿真。不同的智能系统关注的重点领域不一，多学科耦合程度存在差异，因而其数字模型需要根据不同的应用场景对其组成部分进行融合，以全方面地刻画物理实体。

第三，数字孪生体和物理实体应该是"形神兼似"。"形似"就是几何形状、三维模型上要一致；"神似"就是运行机理上要一致。数字孪生体的模型不但包括了三维几何模型，还包括前述的多领域、多学科物理、管理模型。其不但可以根据构建的数字化模型中的几何、物理、行为、规则等划分为多维度空间，还可视为三维空间维、时间维、成本维、质量维、生命周期管理维等多维度交叉作用的融合结果，并形成对应的空间属性、时间属性、成本属性、质量属性、生命周期管理属性。数字孪生模型的构建应按层级逐级展开，形成单元级、区域级、系统级、跨系统级等多尺度层级，各层级逐渐扩大，完成不同的系统功能。

以产品数字孪生应用为例，数字化建模不仅指代对产品几何结构和外形的三维建模，而且对产品内部各零部件的运动约束、接触形式、电气系统、软件与控制算法等信息进行全数字化的建模技术同样是建设产品数字孪生所用模型的基础技术。一般来说，多维度、多物理量、高拟实性的虚拟模型应该包含几何、物理、行为和规则模型四部分：①几何模型包括尺寸、形状、装配关系等；②物理模型综合考虑力学、热学、材料等要素；③行为模型则根据环境等外界输入及系统不确定因素做出精准响应；④规则模型依赖于系统的运行规律，实现系统的评估和优化功能。

第四，数据驱动的建模方法有助于处理仅仅利用机理/传统数学模型无法处理的复杂系统，通过保证几何、物理、行为、规则模型与刻画的实体对象保持高度的一致性来让所建立模型尽可能逼近实体。数字孪生技术解决问题的出发点在于建立高保真度的虚拟模型，在虚拟模型中完成仿真、分析、优化、控制，并以此虚拟模型完成物理实体的智能调控与精准执行，即系统构建于模型之上，模型是数字孪生体的主体组成。

（二）以模型为核心的数据采集与组织

在数字孪生的领域中，模型不仅是虚拟世界的核心构造，更是数据采集与组织的基石。模型不仅映射了物理实体的形态与行为，还指导了数据的流向和利用方式，使得数据在数字孪生系统中发挥更大的价值。

第一，数据作为数字孪生的基石，其来源多样且复杂。一方面，数据来源于对物理实体对象及其环境的直接采集，这些数据是物理世界在数字空间中的直接映射，具有极高的真实性和实时性。另一方面，数据也来源于各类模型的仿真模拟，这些数据虽然基于假设和算法，但能够揭示物理实体在特定条件下的潜在行为和规律，为决策和优化提供重要依据。这些多源、全方位、海量的动态数据共同推动着实体模型和虚拟模型的更新、优化与发展，使数字孪生系统能够更准确地反映和预测物理世界的运行状态。

第二，智能感知与全面互联互通是实现数据采集与组织的关键。物理系统的智能感知技术，如传感器技术、物联网、工业互联网等，能够将系统中的人、机、物、环境等全要素异构信息以数字化描述的形式接入信息系统。这不仅实现了各要素在数字空间的实时呈现，更使得这些要素之间的交互和协同成为可能。通过这种全面的互联互通，数字孪生系统能够实时获取物理世界的最新状态信息，为模型的更新和优化提供实时反馈。

第三，数据的组织必须以模型为核心。信息模型作为对物理实体的抽象表达，是连接物理世界和数字世界的桥梁。而多学科、多领域的仿真模型则需要不同的数据来驱动其运行，并产生新的数据。这些数据通过信息模型、物理模型、管理模型等不同领域模型进行组织，形成了一个层次清晰、结构合理的数据体系。这种基于模型的数据组织方式不仅提高了数据的可理解性和可访问性，还使得数据在数字孪生系统中的利用更加高效和精准。

第四，基于模型的单一数据源管理是实现数据统一存储与分发的关键。在数字孪生系统中，数据往往分布在不同的模块和组件中，如果不加以统一管理，就会导致数据冗余、不一致等问题。而基于模型的单一数据源管理能够将所有与模型相关的数据集中存储在一个数据源中，并通过统一的接口进行分发。这种方式不仅保证了数据的有效性和正确性，还提高了数据的共享性和复用性，使得数字孪生系统能够更加高效地利用数据资源。

第五，以模型为核心的数据采集与组织方式还具有很好的扩展性和灵活性。随着物理系统的不断发展和变化，新的数据类型和模型需求会不断涌现。而以模型为核心的数据采集与组织方式能够很好地适应这种变化，通过添加新的模型和数据源来扩展系统的功能和应用范围。同时，这种方式还能够支持不同领域和部门之间的数据共享和协同工作，促进跨领域的合作和创新。

第二节　数字孪生的技术基础与架构

随着相关企业、研究机构在数字孪生领域的研究进一步深入，加之国家对数字孪生技术的研究与应用也越来越重视，相信在不久的将来，数字孪生关键技术一定会取得重大突破。

一、数字孪生的技术基础

数字孪生的技术基础，是指在数字孪生这一概念出现之前，就已经广泛研究和应用的技术。这些技术的发展促使了"数字孪生"这一概念的产生，同时，数字孪生技术的出现和发展也会对这些技术产生新的发展需求。这些技术主要包括建模仿真技术、虚拟制造技术和数字样机技术。

（一）建模仿真技术

1.模型

模型是对现实系统有关结构信息和行为的某种形式的描述，是对系统的特征与变化规律的一种定量抽象，是人们认识事物的一种手段或工具。模型大致可以分为以下三类：

（1）物理模型，指不以人的意志为转移的客观存在的实体，如飞行器研制中的飞行模型，船舶制造中的船舶模型等。

（2）形式化模型，指用某种规范表述方法构建的、对客观事物或过程的一种表达。形式化模型实现了一种客观世界的抽象，便于分析和研究。例如，数学模型，是从一定的功能或结构上进行抽象，用数学的方法来再现原型的功能或结构特征。

（3）仿真模型，指根据系统的形式化模型，用仿真语言转化为计算机可以实施的模型。

模型的构建，一般都会有一套规范的建模体系，包括模型描述语言、模型描述方法、模型构建方法等。数学就是一种表达客观世界最常用的建模语言。在软件工程里面常用的统一建模语言（UML）也是一种通用的建模体系，支持面向对象的建模方法。

在制造行业，数字制造模型是数字制造全生命周期中的一个不可缺少的工具。数字制造全生命周期包括数据处理、数字传输、执行控制、事务管理和决策支持等，它是由一系列有序的模型构成的，这些有序模型通常为功能模型、信息模型、数据模型、控制模型和决策模型，有序通常指这些模型分别是在数字制造的不同生命周期阶段上建立的。

2.数字制造模型

数字制造模型有多种分类方式。从形式上分，有全局结构模型（如制造系统体系结构）、局部结构模型（如柔性制造系统模型）、产品结构模型和生产计划调度模型等；从方法上分，有数学解析模型（如状态空间模型）、图示概念模型（如集成计算机辅助制造定义模型）及图示—解析混合模型（如Petri 网模型）等；从功能上分，有结构描述模型、系统分析模型、系统设计实施模型和系统运行管理模型等。

在数字制造中，需要用模型加以描述的对象包括如下：

（1）产品：产品的生命周期需要采用各种产品模型和过程模型来描述。

（2）资源：机器设备、资金、各种物料、人、计算设备、各种应用软件等制造系统中的资源，需要用相应模型描述。

（3）信息：对数字制造全过程的信息的采集、处理和运用，需要建立适当的信息模型。

（4）组织和决策：将数字制造的组织和决策过程模型化是实现优化决策的重要途径。

（5）生产过程：将生产过程模型化是实现制造系统生产、调度过程优化的前提。

数字制造建模就是运用适当的建模方法将数字制造全生命周期的各个对象、过程等抽象地表达出来，并通过研究其结构和特性，进行分析、综合、仿真及优化。

3. 仿真的基本概念

"如果说建模是对物理实体或问题的一种抽象化理解，仿真就是对这种抽象化是否正确的验证。"[①] 对于仿真，人们一般先进行一些数学处理，然后，通过计算来推理和研究。后来，电子计算机技术产生和发展，人们发现可以利用模拟电路去研究工业控制过程中的实际问题，由此产生了现代控制理论，而这个模拟电路就是工业控制系统的一个模型，通过在这个模型上进行实验，就可以解决实际控制过程中产生的问题。例如，在飞机设计过程中，由于飞机造价的昂贵，用真实的飞机进行实验是不现实的。为了获得飞机外形的气动数据，尤其是飞机机翼的气动数据，必须制作各种不同形状的机翼模型放到风洞中进行实验。风洞实验的结果改进了飞机的设计理论，而利用这个理论又可以去设计新型的飞机。诸如解决这些问题的方法，就是现代仿真技术，在这个时期，人们在利用仿真方法研究或求解问题时，都是利用实

---

① 陈川，陈岳飞，曾麟，等.数字孪生在智能制造领域的应用及研究进展 [J].计量科学与技术，2020(12)：23.

物去构造与实际系统成比例的物理模型，在这个模型上进行实验。因此，从一般意义上讲，在对一个已经存在或尚不存在但正在开发的系统进行研究的过程中，为了了解系统的内在特性，必须进行一定的试验，由于系统不存在或其他一些原因，无法在原系统上直接进行实验，只能设法构造既能反映系统特征又能符合系统实验要求的系统模型，并在该系统模型上进行实验，以达到了解或设计系统的目的，于是，仿真技术就产生了。

根据国际标准化组织（ISO）定义，模拟即选取一个物理的或抽象的系统的某些行为特征，用另一系统来表示它们的过程。仿真即用另一数据处理系统，主要是用硬件来全部或部分地模仿某一数据处理系统，使得模仿的系统能像被模仿的系统一样接收同样的数据，执行同样的程序，获得同样的结果。从这个意义上讲，在计算机中构建真实系统的模型，进行分析的过程应该称为"计算机模拟"，但是目前习惯上还是称为"计算机仿真"。在不引起歧义的情况下，统一用习惯用语"仿真"来表述上述的"模拟"和"仿真"的概念。

仿真就是建立系统的模型（数学模型、物理模型或数学—物理效应模型），并在模型上进行实验。仿真是建立在控制理论、相似理论、信息处理技术和计算技术等理论基础之上的，以计算机和其他专用物理效应设备为工具，利用系统模型对真实或假想的系统进行实验，并借助于专家经验知识、统计数据和资料对实验结果进行分析研究并做出决策的一门综合性和实验性的学科。

4. 仿真模型

建模与仿真涉及构建现实世界系统的模型并在计算机上进行仿真的过程，该过程包括实际系统、模型和计算机三个核心组成部分，并着重考虑这些部分间的相互作用，即建模关系与仿真关系。建模关系涉及对实际系统进行观测与检测，通过忽略非关键因素和不可测量变量，采用标准化表达方法（例如数学方法）来描述，以获得系统的简化近似模型。而仿真关系则关注计算机程序与模型之间的实现关系，确保程序能够被计算机接受并执行。

仿真研究的核心在于将已构建的形式化模型（例如数学模型）在计算机上运行以求解。数学模型是使用数学语言描述现实世界的一种方式，它本身不能直接在计算机上执行运算。由于现实系统的数学模型通常极为复杂，人工求解是不切实际的，因此需要借助计算机的高速运算能力。这要求将数学模型转换为计算机可理解的模型，即根据计算机语言和运算特性（或特定算法）重构模型，这一过程称为仿真建模。完成模型转换后，便可以使用计算机语言编写程序、执行程序以求解，并以数字或图形方式展示结果，形成计算机仿真的基本流程。

根据仿真建模技术的基础原理，建模与仿真代表了两个独立的过程。建模是根据被仿真对象或系统的结构要素、运动规律、约束条件和物理特性等，建立形式化模型的过程。而仿真则利用计算机来建立、验证和运行实际系统的模型，以获取模型的行为特征，并分析研究系统。整个过程包含两个关键的抽象和转换步骤：首先是从物理系统到形式化模型的转换，即从物理空间到信息空间的抽象；其次是形式化模型到计算机仿真模型的转换，以确保仿真的顺利进行。建模构成仿真的基础，而仿真实现建模的目的。在仿真技术的应用实践中，追求建模与仿真之间的清晰关系至关重要，这通常体现为建模框架与仿真框架的分离，便于实现通用的仿真控制和实验环境，提高建模的灵活性、可维护性和代码的可重用性。仿真框架主要负责描述仿真系统的控制功能。在传统的面向过程的仿真建模方法中，仿真控制功能与模型描述混合在一起，导致模型结构复杂，缺乏可扩展性，难以维护和修改，代码可重用性差。

在选择建模方法时，必须考虑系统的特性及所关注问题的性质。

5. 仿真建模方法

仿真建模已经在众多应用领域中取得了显著的成功。随着建模技术的不断创新和计算机性能的持续提升，仿真建模技术正逐步扩展至更广泛的领域。

在生产系统中，仿真建模的应用涵盖了多个层次。在底层，设备级建模详细展现了现实世界中的具体实体。这一层面的仿真往往涉及多学科内容，包括机械、电子/电气、液压/气动以及控制系统的建模和仿真，主要用于分析产品或设备的运行状况，验证设计方案的有效性。

而在企业层，仿真建模则更侧重于宏观层面的决策和策略。例如，社会、经济因素的系统仿真以及供应链仿真等，都是这一层面的重要应用。这些模型通常结合了定性和定量的分析方法，建模周期较长，旨在模拟较长时间范围内的系统行为。

在设备级和企业层之间，还存在一个中间层级的建模，它兼具了一定的规模和细节。这一层级的建模包括物流仿真、生产过程仿真、工艺仿真等，为生产系统的优化提供了有力的支持。

选择合适的抽象层级对于建模的成功至关重要。模型是对实际系统的一种抽象表示，只有明确了模型需要包含和舍弃的部分，才能构建出既符合实际需求又具备可操作性的仿真模型。

仿真建模方法作为一种映射真实世界的常规框架，为建模提供了明确的建模语言和一系列术语及条件。在生产系统领域，主要的建模方法包括离散事件建模、基于智能体的建模和系统动力学建模。

每种建模方法都有其适用的抽象层级范围。系统动力学建模更适合于较高的抽象层级，尤其在决策建模中得到了广泛应用；离散事件建模则更多地应用于中层和偏下层的抽象层级；而基于智能体的建模则具有更大的灵活性，既可以用于较低层级的物理对象细节建模，也可以应用于公司和政府等较高抽象层级的建模。因此，在选择仿真建模方法时，必须根据所需模拟的系统和建模的具体目标来进行决策。

(二) 虚拟制造技术

虚拟制造技术（VMT）是以虚拟现实和仿真技术为基础，对产品的设计、生产过程统一建模，在计算机上实现产品全生命周期的模拟仿真，从设计、加工和装配、检验、使用到回收，无须进行物理样品的制造，从产品的设计阶段开始就能够模拟出产品性能和制造流程，通过该种方式来优化产品的设计质量和制造流程，优化生产管理和资源规划，最小化产品的开发周期以及开发成本，最优化制造产品的设计质量，最高化企业的生产效率，从而形成企业强大的市场竞争力。

1. 虚拟制造的特点

虚拟制造是实际制造过程在计算机上的本质实现，即采用计算机仿真与虚拟现实技术，在计算机上实现产品开发、制造管理与控制等制造的本质过程，以增强制造过程各级的决策与控制能力。虚拟制造的特点如下：

（1）模型化。虚拟制造以模型为核心，本质上还是属于仿真技术，离不开对模型的依赖，涉及的模型有产品模型、过程模型、活动模型和资源模型。

（2）集成化。虚拟制造以模型信息集成为根本，虚拟制造对单项仿真技术的依赖决定了它所面临的是众多的适应各单项仿真技术的异构模型，如何合理地集成这些模型就成为虚拟制造成功的基础。

（3）拟实化。虚拟制造以拟实仿真为特色，主要指仿真结果的高可信度，以及人与这个虚拟制造环境交互的自然化。虚拟现实（VR）技术是改善人机交互自然化的普遍认可的途径。

2. 虚拟制造的分类

根据虚拟制造所涉及的工程活动类型不同，虚拟制造分成三类，即以设计为核心的虚拟制造、以生产为核心的虚拟制造和以控制为核心的虚拟制造。这种划分结果也反映了虚拟制造的功能结构。

（1）设计性虚拟制造。把制造信息引入产品设计全过程，强调以统一制造信息模型为基础，对数字化产品模型进行仿真、分析与优化，从而在设计阶段就可以对所设计的零件甚至整机进行可制造性分析，包括加工工艺分析、铸造热力学分析、运动学分析、动力学分析、可装配性分析等。为用户提供全部制造过程所需要的设计信息和制造信息以及相应的修改功能，并向用户提出产品设计修改建议。

（2）生产性虚拟制造。在生产过程模型中融入仿真技术，是在企业资源（如设备、人力、原材料等）的约束条件下，实现制造方案的快速评价以及加工过程和生产过程的优化。它对产品的可生产性进行分析与评价，对制造资源和环境进行优化组合，通过提供精确的生产成本信息对生产计划与调度进行合理化决策。它贯穿于产品制造的全过程，包括与产品有关的工艺、夹具、设备、计划以及企业等。

（3）控制性虚拟制造。为了实现虚拟制造的组织、调度与控制策略的优化以及人工现实环境下虚拟制造过程中的人机智能交互与协同，需要对全系统的控制模型及现实加工过程进行仿真，这就是以控制为中心的虚拟制造。

以上三种虚拟制造分别侧重于产品设计、生产制造过程和系统控制三个不同方面。但它们都以计算机建模、仿真技术作为重要的实现手段，通过对产品和生产系统相关元素进行统一建模，用仿真支持设计过程、模拟制造过程，进行成本估算和生产调度。

二、数字孪生系统的架构

(一) 架构设计

基于数字孪生的智能系统强调的是物理系统与虚拟系统的协调感知统一，因此，构建此类系统时需关注两个核心方面：①物理系统与虚拟系统之间的实时数据连接，确保两者能够无缝且即时地交换信息；②智能计算模块的实现，该模块负责处理和分析来自物理系统的数据，以支持系统的决策和优化。将实时数据连接与智能计算模块合称为"数字孪生引擎"，它是形成数字孪生系统通用参考架构的关键，该架构涵盖物理实体、虚拟实体、数字孪生引擎以及数字孪生服务四个主要部分。通过这一架构，可以确保数字孪生系统的高效运作和智能化服务的实现。

1. 物理实体

物理实体是指在物理空间中实际存在的系统，它被数字孪生映射以实现虚拟与现实的同步。数字孪生系统内的物理实体需配备数字化接口，以实现数据采集与信息映射。这些实体通过物理连接或活动关系构成一个整体，可能表现为一个网络物理系统（CPS）单元、系统或体系。

全面互联的智能感知是构建数字孪生系统的基础和关键。这种智能感知依赖于广泛的数据采集，其数据来源包括但不限于声光热电力传感器、条形码、智能终端设备（如计算机、手机、平板电脑、手环）、内置的机器或智能仪表、人员数据、管理数据以及本地或云端存储的历史数据。数据传输技术包括现场总线、工业以太网、射频识别、无线蓝牙和工业互联网等。

物理实体信息感知可通过直接和间接两种手段实现。直接手段是指实体自带传感器以采集数据；间接手段则是指通过外部环境感知来获取实体的运行状态。例如，机械设备可能内置有温度和振动传感器，而视频和声音等外部信息则提供了设备的外在运行表现。这些外部传感器的信息同样是物理实体数据采集的重要组成部分。

物理实体还具备"精准执行"的功能，能够接收来自虚拟实体或数字孪生引擎的指令并执行特定动作。通过高速、低延迟、高稳定性的数据传输协议，物理实体能够及时响应虚拟系统的仿真、分析和优化后的控制命令，并将其执行结果反馈至数字孪生体，以实现进一步的迭代优化。

得益于互联网、云计算和边云协同技术，物理实体的各组成部分能够在空间上实现远距离的分布式协同控制，从而突破了地理限制，展现出分散化、社会化和协同化的特征。

2. 虚拟实体

虚拟实体是物理实体对应在信息空间的数字模型，以及物理实体运行过程的相关信息系统。信息系统是物理对象的信息模型抽象，并且包括了一些物理实体运行过程的管理、控制等逻辑。

虚拟实体的模型是指在物理实体设计和运行过程中所构建的几何模型、机理模型以及数据模型。这些模型可以看作对物理实体的一个定义。对于一个工业产品来说，模型包括三维设计模型、有限元分析模型、制造工艺模型、运行过程的数据模型等。

由于当前的很多产品、系统本身就是一个 CPS 系统，因此，信息系统是物理实体运行过程不可缺少的部分，例如，数控机床所包含的数控操作系统、数控程序，工厂和车间运行相关的 ERP、PLM、MES 等系统，这些信息系统是物理系统运行必不可少的部分，也是物理实体在信息空间所对应的虚拟实体的一部分。

在数字孪生系统里面的虚拟实体，可以看成物理实体在信息空间的一个数字化映射。在数字孪生技术出现之前，这些虚拟实体的组成部分就已经存在，并且在仿真分析、系统运行管控等方面已经开展丰富的应用。但是这些应用没有充分发挥实时数据的作用，模型之间也没有构建成系统化的联系，因此是局部的、非系统化的"浅层数字映射"。

3. 数字孪生引擎

数字孪生引擎一方面是实现物理系统和虚拟系统实时连接同步的驱动引擎，另一方面是数字孪生系统智能算法和智能计算引擎核心，为用户提供高级智能化服务。在数字孪生引擎的支持下，数字孪生系统才真正形成，实现虚实交互驱动以及提供各类数字孪生智能化服务，所以数字孪生引擎即是数字孪生系统的"心脏和大脑"。

数字孪生引擎从功能上来说主要包括交互驱动和智能计算。数字孪生应用通过构建拟实的界面，充分利用三维模型等来形象地展示计算和分析的结果，提高人机交互的水平。其智能计算是利用数据驱动模型进行仿真分析与预测，提供传统虚拟实体应用所没有的智能计算结果。

在数字孪生系统出现之前，虚拟实体已经包含了很多反映物理实体运行规律的模型，用来对物理实体进行模拟仿真，同时，虚拟实体中的信息系统也包括了很多物理实体运行过程所采集的数据；但是，这些模型和数据因为分属不同的应用目的而开发，没有很好地融合起来，不能充分发挥作用。数字孪生就是为了解决传统应用模型和数据分离的各自为政的问题，通过两者的融合充分发挥协同作用。数字孪生引擎的另外一个重要功能，就是完成模型和数据融合，包括相关的数据管理和模型管理功能。

4. 数字孪生服务

数字孪生服务是指数字孪生系统向用户各类应用系统提供的各类服务接口，是物理实体、虚拟实体在数字孪生引擎支持下提供的新一代应用服务，是数字孪生系统功能的体现。

物理实体和虚拟实体在没有数字孪生引擎的支持下，能进行传统意义上的系统运行，完成各自预定的功能。但是，数字孪生引擎能让物理实体、虚拟实体融合在一起，形成数字孪生系统，具有原来物理实体和虚拟实体独立运行所没有的新的功能。一个完整的数字孪生系统包括服务接口支持，也就是功能接口，能让数字孪生系统真正地为用户所用。

数字孪生服务包括仿真服务、监控服务、分析服务和预测服务，同时，由于人机交互要求更高，虚拟现实（VR）、增强现实（AR）和混合现实（MR）是数字孪生应用的重要形式，因此，数字孪生服务也包括对这些应用的服务接口支持。

数字孪生服务根据数字孪生系统的不同，具体实现内容也不同，其设计和实现根据不同的行业、不同的规模而不同，同时，随着数字孪生系统的不断进化，其服务内容也会不断增加，是一个逐步完善的过程。

基于数字孪生服务，根据不同的应用需求，可以开发不同的应用。数字孪生的应用部分可以是传统信息系统的升级，部分是全新开发的应用。由于移动互联、泛在计算的广泛应用，手机、平板电脑、智能眼镜等将是数字孪生应用的一个新的发力点，也是提供给用户沉浸体验的新手段。

(二) 数字孪生引擎的架构组成

数字孪生引擎是连接物理实体和虚拟实体、实现数字孪生系统的一个核心模块。"虚拟实体 + 数字孪生引擎 = 数字孪生体",数字孪生引擎的一般组成如下。

1. 交互驱动模块

交互驱动模块,是数字孪生引擎用来连接各个相关系统的核心模块,包括物理实体交互驱动接口、虚拟实体交互驱动接口、外部软件交互驱动接口和服务接口。

物理实体交互驱动接口,是从物理实体采集实时数据的接口以及传送给物理实体的指令执行接口。传统的信息系统应用、管控软件中,也包括了对物理实体的数据采集和指令下达,但是数字孪生系统根据模型和数据融合需求,需要更多的数据,以及更精准的指令执行功能,就需要数字孪生引擎的交互接口来提供额外的驱动接口,实现数字孪生的增强功能。

虚拟实体交互驱动接口,是数字孪生引擎的一个主要接口。模型、数据大部分通过这个接口进入数字孪生引擎。一些计算结果也通过这个接口传回给虚拟实体。根据上述分析,虚拟实体包括了数字模型和信息系统,传统的管控功能还是需要通过信息系统完成,而数字孪生引擎所产生的新的数据能辅助模型仿真、信息系统运行更好地完成。

外部软件交互驱动接口,是指物理实体和数字孪生体本身之外的一些软件,为数字孪生系统提供软件环境。例如,一个数字孪生车间,其主要的软件系统是 MES,而企业级的 ERP、SCM、PLM 等软件系统就是数字孪生车间系统的外部软件;对于一个建筑来说,BIM 是其关键模型,而这个建筑所在的小区信息系统、CIM 就是外部软件。外部软件为数字孪生系统的运行提供了参考信息以及一些功能支撑,所以需要专门的接口来获取相关的模型和数据。

服务接口,是数字孪生引擎为数字孪生服务模块提供各类模型和数据访问的接口。这类接口比较多,根据不同的实际系统需求而进行定义。

2. 模型管理模块

模型管理,主要包括机理模型和基于数据的模型。这些模型如果在虚拟实体中已经包含，则在数字孪生引擎中无须重建，但是需要对模型进行跟踪，保证这些模型在数字孪生应用中可用和可管理。

模型采集，是指根据数字孪生智能计算和模型 / 数据融合需要，从虚拟实体中选择相关模型导入数字孪生引擎模型库的过程。

模型训练，是根据应用需要，从数据中训练新模型的过程。

模型更新，是对模型进行完善和更新的过程。

模型分发，是根据服务需求，对相关模型分发过程进行管理的模块。

3. 数据存储和管理模块

数据存储和管理，是数字孪生引擎运行的一个数据支撑环境。虚拟实体的信息系统包括了物理实体运行过程的相关数据，但是这些数据是根据业务需求而定义的，不能满足数字孪生系统运行过程的数据需求，因此，在已有的信息之外，数字孪生引擎需要定义自己的数据存储和管理。从这个意义上说，数字孪生引擎的数据存储和管理是虚拟实体中包含的信息系统中的数据存储之外的一个补充。

这个模块一般包括实时数据库、主题数据库和数据仓库。实时数据库是一种数据库系统，它能够处理和存储实时数据，即那些需要即时处理和分析的数据，通常用于需要快速响应的场合，比如金融交易、在线游戏、工业自动化、监控系统等；主题数据库存放的是按各类分析主题整理的实时或半实时数据；数据仓库包括了按一定主题存放的经过分析整理后的数据，用于支持联机分析处理（OLAP）和数据挖掘。

数据抽取、数据转化、数据集成是传统意义上的 ETL（抽取、转化、装载）过程，数据更新则是根据物理实体和虚拟实体接口，实时在线更新相关数据的过程。

需要说明的是，由于数据的多样性，所以需要根据不同数据特点来选择关系型数据库、非关系型数据库或者是分布式文件系统来存储不同的数据，数字孪生引擎需要支持多模式数据库管理系统的数据应用集成与管理。

4. 模型 / 数据融合模块

模型和数据的融合，是数字孪生的基本特征。脱离了模型的数据分析，就会脱离物理实体的基本逻辑和应用场景，导致数据分析的无目的性；而离开了实时数据，模型只能作为物理实体设计规划时的静态应用，不能指导实际运行。

模型和数据映射，是建立相关模型和实时数据的关联关系。例如，利用三维几何模型，可以构建实时数据的空间关系，支持数据在三维空间中的展示；对于仿真模型引入实时数据，可以完善仿真参数，让模型运行更加贴合实际过程。

模型和数据的比较，是构建模型运行结果和实际系统运行结果的比较关系，这个对于一些管控方案的评估起到关键作用，也能评估模型参数设定是否合理。

数据驱动下的模型更新，是对传统建模过程中参数不确定的一个补充。在物理实体运行前，很多仿真参数都是假设的，或者是理论模型，不能和实际运行状况吻合。通过数据分析结果来完善模型参数，让模型更加接近真实情况，是数字孪生的一个基本功能。

模型驱动下的数据采集，是利用机理模型来指导数据分析的基础。传统大数据的一个特点就是价值密度低，其含义就是大量的数据看起来是没有用的，或者说是"无心"采集的；而在工业领域，由于传感器部署都是需要成本的，没有目的的数据采集在工业领域往往不切实际。利用机理模型分析需求来指导数据采集过程，有限成本下部署最多的数据感知点，是数字孪生应用顺利开展的一个基础。

数据和模型，是数字孪生系统的两个基本面。数据代表了物理实体，是从物理实体运行过程采集而来，代表实际；模型代表虚拟，是从数字模型分析、仿真而来，虚实融合就是模型和数据的融合。

5. 智能计算模块

智能计算模块是数字孪生引擎的核心动力，它通过先进的智能计算技术实现数字孪生服务所需的多样化功能。

预测分析是一种关键技术，它结合模型与数据来预测物理实体的运行趋势。这可能包括对实体运行规律的计算或对不同方案的仿真评估，旨在提供对虚拟实体未来行为的洞察，并为物理实体的运行优化提供建议。

知识推理是通过应用已有的知识模型对事实进行逻辑分析，从而得出结论的过程。它主要应用于在已知规律基础上进行的判断和决策。

在线与离线分析是两种计算模型的应用方式，它们根据对分析模型的掌握程度和应用需求来选择。对于需要大量计算的任务，通常采用离线模式；而对于局部且明确的判断任务，则可以利用边缘计算架构实现在线模式。

X 在环仿真，包括硬件在环仿真和软件在环仿真，是针对物理实体的规划设计和安装调试过程的仿真技术。硬件在环仿真主要用于软件设计的优化；而软件在环仿真则用于评估和检验硬件设计及安装。在数字孪生系统中，通过模型和数据的集成，这些功能得到了有效的支持。

第三节　数字孪生技术的创新应用探析

一、数字孪生与工业

随着科技的发展，新一轮科技革命和产业变革正孕育兴起，以"智能制造"为主导的"工业 4.0""工业互联网"——第四次工业革命已经来临。为此，各国先后提出了工业 4.0、工业互联网、先进制造伙伴计划以及中国制造 2025 等先进制造战略与模式。同时物联网、大数据、云计算以及人工智能等先进技术为智能制造的实现提供了强有力的支撑。然而，在智能制造的实践过程中，始终面临的一个"瓶颈"问题——如何实现智能制造，正成为各国需要解决的问题，而如何实现制造的物理空间和信息空间的数据互联互通是其中的核心问题之一。数字孪生技术是解决该问题的有效途径之一。

(一)数字孪生与工业互联网

自 18 世纪工业革命的浪潮席卷全球，人类社会便步入了一个全新的纪元。机器的轰鸣声中，生产力得到了前所未有的释放，人类对自然界的掌控能力达到了新的高度。紧随其后的互联网革命，更是以信息的自由流动为标志，将人类带入了一个全新的信息时代。计算能力的飞跃和通信技术的革新，为人类社会的发展注入了新的活力。

在这样的背景下，工业互联网的概念应运而生。2012 年 11 月，美国通用电气公司（GE）在其发布的白皮书中，将工业互联网定位为继工业革命、互联网革命之后的第三次革命性转折。这一概念的提出，预示着工业生产与互联网技术的深度融合，将引领世界进入一个全新的发展阶段。

2014年3月，GE联合AT&T、思科、IBM和英特尔等巨头，共同发起成立了工业互联网联盟。这一联盟的成立，标志着工业互联网技术的研究和应用开始步入快车道。联盟的成员们致力于推动工业互联网技术的发展，以期在全球范围内实现工业生产的智能化和网络化。

2016年2月，在中华人民共和国工业和信息化部的大力支持下，中国信息通信研究院联合制造业、通信业、互联网业等企业共同成立了工业互联网产业联盟。这一联盟的成立，不仅体现了中国在工业互联网领域的雄心壮志，更是中国在全球工业互联网发展中发挥引领作用的重要体现。联盟成员们共同推进工业互联网的顶层设计、技术研发、标准制订、产业实践和国际合作，为中国乃至全球的工业互联网发展贡献了重要力量。

工业互联网的发展，不仅仅是技术的革新，更是生产方式的变革。它将推动工业生产从传统的集中式、大规模生产模式，向个性化、智能化、网络化的新模式转变。通过工业互联网，企业可以实现生产过程的实时监控和优化，提高生产效率，降低生产成本，提升产品质量。同时，工业互联网还将促进产业链的协同发展，推动制造业与服务业的深度融合，为经济发展注入新的活力。

1. 工业互联网的内涵阐释

工业互联网，这一概念在当今时代越发显得重要且具有革命性。它不仅仅是一个技术术语，更是一种全新的工业生产方式，它通过将智能物体、智能分析和人紧密相连，构建起一个高效、智能、互联的生产系统。在这个系统中，智能物体扮演着至关重要的角色，它们是连接物理世界与数字世界的桥梁，包括智能终端、传感器、机器设备等，它们具备通信能力，能够接入网络，实时收集和传输数据。

智能分析则是工业互联网的大脑，它将工业领域的专业知识与数据科学相结合，形成针对不同业务目标的数据分析模型。这些模型能够对收集到的大量数据进行深入分析，提炼出有价值的信息，为决策提供科学依据。通过智能分析，部分原本需要人类脑力劳动的工作可以被自动化，大大提高了生产效率和决策的精准度。

工业互联网的核心，在于通过智能物体的互联互通，获取工业数据，建立面向特定业务场景的数据分析模型，形成优化智能物体设计、制造与运行的分析结果。这不仅能够提升单个产品的质量和性能，还能够优化整个生产流程，实现资源的最优配置，降低生产成本，提高企业的竞争力。然而，推进工业互联网技术的研究和深度应用并非易事，它是一项复杂的系统工程，需要跨学科、跨行业的共同努力。制造业等工业企业需要将工业机理与数据科学相结合，将工业领域的业务流程、专业技术等知识转化为工业数据分析模型，这不仅是工业互联网的价值所在，也是企业转型升级、创新发展的关键。

2. 工业互联网的数据来源

在当今的工业互联网时代，数据的重要性日益凸显，成为制造业发展的核心驱动力。工业互联网的数据来源广泛，主要包括企业信息系统数据、机器设备数据和外部数据三大类。这些数据的收集、管理与应用，对于提升制造业的智能化水平和竞争力具有至关重要的作用。

（1）企业信息系统数据。这些系统如产品生命周期管理（PLM）、企业资源规划（ERP）、供应链管理（SCM）、客户关系管理（CRM）以及制造执行系统（MES）等，记录了产品研发、生产、供应链管理、运营支持等关键业务环节的详细信息。这些数据不仅具有高价值密度，而且是制造业的核心数据资产，对企业的决策支持和业务优化具有重要意义。

（2）机器设备数据。这些数据通过传感器、仪器仪表和智能终端等设备采集而来，反映了机器设备的运行状态。它们既包括企业内部生产设备产生的数据，也包括智能产品在客户使用过程中产生的数据。例如，飞机制造商向航空公司提供的飞机飞行参数数据和远程故障诊断数据，就是典型的机器设备数据。这些数据对于设备的维护、故障预测和性能优化等方面具有重要价值。

（3）外部数据。这些数据包括市场信息、舆情分析、社交媒体数据等，与制造业的发展密切相关。通过对外部数据的分析，企业可以更好地把握市场动态，预测行业趋势，从而做出更加精准的战略决策。

数据的收集只是第一步，数据的管理同样重要。数据必须经过严格的管理，确保其质量达到规定标准，并按照一定的结构形式组织，以便于分析和利用。国际数据管理协会（DAMA）提出的数据管理知识体系，是目前数据管理领域广泛采用的方法论。它对数据管理的职能、交付成果、角色和术语等进行了标准化定义，为数据管理提供了一套完整的理论框架和实践指导。通过建立数据管理体制机制，明确数据管理责任主体，制订数据管理流程、制度、架构、规范和标准，企业可以实现对数据全生命周期的有效管控。在航空制造业中，数据管理的重要性尤为突出。以美国国家标准与技术研究院提出的企业数据分类标准为例，航空制造业可以从企业、产品和价值链三个维度，对所拥有的数据类型进行系统梳理。这有助于企业更全面地了解自身的数据资产，更有效地进行数据管理和应用。

3. 工业互联网的体系架构

工业互联网通过构建"万物互联"的基础网络，实现工业数据的全面感知、动态传输、实时分析，形成科学决策和智能控制，是制造业智能化、服务化转型发展的必由之路。工业互联网呈现"工业数据＋工业云平台＋工业应用"的功能层级架构，是由信息技术企业、工业企业、互联网企业和众多应用开发者共同构建的生态体系。立足制造业视角，基于工业互联网产业联盟提出的工业互联网平台通用功能架构，可突出工业企业核心能力和竞争优势，工业互联网的体系架构如图5-1所示[①]。

数据采集层收集企业信息系统数据，生产设备和产品运行数据及市场、社交等外部数据，利用协议解析技术实现多源异构数据的互联互通和互操作，利用边缘计算技术实现数据的预处理，减轻网络传输负载和工业云平台计算压力。

网络传输层将采集到的数据以有线或无线方式传输到工业云平台。工业云平台自下向上包括基础设施层、平台工具层和数据应用层。基础设施层提供服务器、存储、网络和虚拟化等服务。平台工具层在以 Cloud Foundry 为代表的通用 PaaS 平台基础上增加工业数据管理、建模和分析功能，将工业数据分析模型固化封装成可移植复用的工业微服务组件。平台工具层本质上是可扩展的开放式工业操作系统。数据应用层用来快速构建基于工业微服务组件的定制化工业应用，针对工业产品全生命周期特定业务场景的需求，把工业产品及相关技术过程中的知识经验、最佳实践封装成应用软件，是工业技术软件化的重要成果。

---

① 李国琛. 数字孪生技术与应用 [M]. 长沙：湖南大学出版社，2020：64.

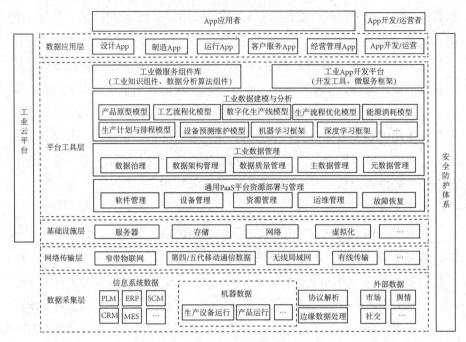

图 5-1　工业互联网体系架构

(二) 数字孪生与工业制造

产品全生命周期管理（PLM）作为 20 世纪 60 年代由经济学家雷蒙德弗农（Raymond Vernon）提出的概念，已经成为现代制造业管理中不可或缺的一部分。它将产品的生命周期划分为研发、制造、服务、报废四个基本阶段，为企业提供了一种系统化、结构化的方法，用来管理产品从诞生到终结的每一个环节。尽管在实际操作中，研发与制造之间可能存在迭代关系，服务阶段也可能产生返修订单，使得这些阶段相互交织，但 PLM 的基本划分模式仍然为企业理解和运作产品提供了清晰的框架。

PLM 的核心价值在于其"精益"思想，这种思想强调资源的节约和效率的提升。通过 PLM，企业能够缩短研发周期、优化制造流程、节约成本、提高协同效率、改良质量控制，并最终提高产品利润，从而提升企业的整体运行效率。PLM 不仅仅是一种管理工具，更是一种先进的管理方法，它涉及生产活动中的人、流程与技术的管理。

数字孪生技术的出现和发展为 PLM 的实现提供了新的途径。数字孪生，即创建一个物理实体的数字副本，可以模拟、分析和预测物理实体的性能。这项技术与 PLM 的结合，使得产品的设计、测试、生产和维护等环节可以在虚拟环境中进行，大大提高了效率，降低了成本。数字孪生技术的应用，使得 PLM 的理念和预想逐渐变为现实，为企业提供了更加精确和高效的产品管理方式。

1. 基于数字孪生的 PLM

基于数字孪生的 PLM 是现代制造业中的一个创新概念，它将传统的 PLM 理念与数字孪生技术相结合，为产品管理带来了新的维度。PLM 的核心在于通过全面分析产品的创建、设计、迭代、修订和决策过程，促进创新和优化产品生命周期。它通过规范而灵活的设计开发流程，以及对结构化与非结构化信息和数据的综合管理，形成了一种高级的数据管理方式。

数字孪生技术为 PLM 提供了一个全新的实现途径。数字孪生是指创建一个物理实体的数字化副本，这个副本包含了与物理实体相对应的全过程和全要素信息。这种技术的应用，使得 PLM 在管理过程中可以拥有一个明确而统一的对象，即数字孪生体。数字孪生体不仅包含了产品的设计和性能数据，还能够模拟产品在现实世界中的行为，为产品的研发、测试、生产和维护提供一个虚拟的实验平台。

通过数字孪生体，企业的不同部门可以根据自己的需要提取相应的信息，实现了信息的直观协同和联合。这种信息的集成、汇总、分发与流通，为企业创建了一个多功能、多部门、多学科、多外协的生产模式，形成了信息流通的"血管"与"神经"。数字孪生体成了整个产品生命周期的数据、模型及分析工具的集成系统，使得 PLM 能够更加高效地在企业管理与制造业改革中发挥作用。

基于数字孪生的 PLM 的新内涵在于它通过数字孪生技术，围绕产品数字孪生体执行产品研发、制造、服务与报废的全生命周期管理。这种管理方式将产品全生命周期的数据集成于数字孪生体中，实现了对产品从设计到报废的每一个环节的精确控制和优化。这不仅有助于实现精益生产理念，提高生产效率和产品质量，还能够延长产品的使用寿命，为企业创造更大的价值。

2. PLM 中的数字孪生技术

将数字孪生应用于 PLM 各个阶段，可为 PLM 的可定制化、多层次协同、全生命周期数据管理、知识共享与重用、数字化仿真的需求提供支持。由于PLM理念所依赖的系统研发、布置与改造活动规模宏大且价格昂贵，倘若一一对比PLM的所有理念和模块全部建设，也不符合PLM所注重的应用灵活性，因此PLM系统在企业运用的实际中，应结合企业具体需求，统一规划、按需建设、重点受益，具体如下。

（1）产品研发阶段的数字孪生

第一，需求分析。需求是产品设计和创新的驱动力，它直接影响产品的结构、配置和功能。在产品开发过程中，理解并准确把握用户需求是至关重要的。用户需求的微小变化都可能导致产品设计的巨大变动，尤其是在涉及大量零部件的复杂产品中，需求与产品配置之间的关系管理显得尤为重要。

数字孪生技术在这一过程中扮演着关键角色。它允许企业在虚拟空间中映射和模拟产品的需求与配置信息。通过创建数字孪生体，企业可以捕捉到已淘汰产品的需求与配置数据，并在研发、服务、报废等不同阶段持续更新这些信息。

在研发阶段，数字孪生体可以帮助设计团队基于用户初始需求设计出合适的产品配置。

在服务阶段，随着用户需求的增加和变化，数字孪生体可以支持对产品配置进行必要的变更。

而在报废阶段，数字孪生体则可以用于设计满足报废与回收需求的配置。

通过整合多代产品的需求与配置信息，企业可以构建一个"需求—配置"关系表。这个表格是企业理解用户需求、优化产品设计和加速创新的重要工具。利用这个不断完善的关系表，企业可以在产品研发初期迅速确定将采用的配置模块，并形成配置一览表。这不仅可以加快研发进程，还可以快速预测成品的形貌和性能。对于像飞行器、船舶这样的大型工业产品，拥有数以亿计的零件，利用数字孪生体和"需求—配置"关系表可以在研发初期节省大量的时间和人力资源。企业可以更加精确地预测市场需求，减少设计迭代，加快产品上市时间，从而在激烈的市场竞争中占据优势。

此外，数字孪生技术还可以用于产品的定制化设计。通过分析不同用户群体的需求，企业可以开发出满足特定需求的定制化产品，提高产品的市场竞争力和用户满意度。

第二，设计记录。从某种意义上讲，设计是将产品概念转化为数据的过程。下面围绕产品数字孪生体开展产品设计工作，从六个过程讨论数字孪生体的运用方式。

同一个设计人员的不同版本记录。一个设计人员在设计过程中会产生多次修改，形成多个设计版本，在本次设计中被舍弃的设计版本，极有可能在后续同类产品的研发工作中被参考或采用，例如当确定某些经验数值时可减少测算次数或提高精度等，足够多的设计版本便形成了对照表，可对后续的产品研发提供巨大的参考价值和帮助，其价值随着记录数量的增加而快速增长，最后可上升为企业的核心设计资料。

不同设计人员之间的协同设计。数量庞大的设计数据往往分布在不同的设计部门或同一部门不同设计人员手中。为了提高设计效率，这些设计部门与设计人员必须一致围绕公认、公开的同一模型进行设计。该公开的模型便是一代产品数字孪生体的雏形。此时数字孪生体虽然还未成为产品在虚拟空间中的真实表达，但已拥有了随时追溯的机制，而这一机制赋予了整体研发工作迅速响应产品变更的能力。

官方决策。这一初始的数字孪生体代表了产品研发进程的最新进展，肩负着产品研发的官方决策责任。该数字孪生体负责实时更新产品的各个组件，使任何一个设计人员在任何时刻看到的产品设计信息都是最新的。因此，可以避免设计版本管理混乱的问题，提高协同设计效率。

设计评审辅助。通过审查该数字孪生体，可以评定设计短板，及时变更设计管理方案或调控设计人员，使设计任务能够按时完成，甚至由于数字孪生体始终同步最新设计进展而免去传统设计评审。

初建服务清单。设计过程中由设计人员分析总结出的产品售出后，可能需要将进行维护的项目及维护技术记录到产品数字孪生体中。

数字样机功能。随着设计进度的不断推进，不断完善的数字孪生体具有了数字样机的功能。数字样机可应用于复杂的分析场合，如结构分析、装配分析、动力学分析或碰撞分析，甚至可以代替物理样机。

一代产品的数字孪生体在设计阶段结束后已具备完整的模型，且能够进行复杂的分析计算，此时数字孪生体起到了产品模板的作用，后续的生产与服务工作将完全依照该数字孪生体所设定好的数据安排进行。

第三，采购协同。采购连接资源市场与企业设计制造人员。采购既是一个商流过程，也是一个物流过程，因此采购工作主要有采购成本最小化与采购周期最短化两个目标。采购员越早获得采购信息，采购成本与周期就越容易得到控制，下面从两个方面论述采购活动中数字孪生的应用方式。

数字孪生体向采购部门的信息输出。产品设计阶段中数字孪生体逐渐完善，因此在产品设计阶段甚至早在需求分析阶段，便可向采购员输出如采购对象与最小采购量等采购信息，帮助采购员及早确定采购计划，规划采购流程，与供应商商谈。同时数字孪生体也应开放一定的端口给采购部门，使得采购部门也围绕最新的研发进度实时调整采购计划。

采购部门向数字孪生体的信息录入。采购员将获得的实际采购信息数字孪生体及时上传至数字孪生体中，这些采购信息对于后续开发控制成本具有巨大的参考价值。此外，数字孪生体还需收集采购件本身在虚拟世界中的对应模型。对于螺栓、气动接头等标准件，所需收集的一般只是其 CAD 模型和批次信息；而对于伺服电动机、电路板、控制器、LED 屏幕等具有完整功能的组合体采购件，则需收集其完整意义上的数字孪生体，即本代产品的数字孪生采购信息中应嵌套采购件的全生命周期信息。采购件被本企业购入以后就处于其服务阶段，因此需依靠其对应的数字孪生体来了解其供应商、上游供应商、制造商甚至设计商在各自的工作阶段对产品做出的创造和改变信息。这不仅要求本企业采用基于数字孪生的 PLM 理念来管理企业，还要求供应商企业也拥有类似的系统架构，能够在货品输出时同时输出其虚拟信息，作为附属产品一并销售。

第四，营销准备。营销活动包括线下活动营销、电视广告营销等多种手段，配套的营销材料也有手册、平面广告和视频广告等多种形式。营销材料在过去往往具有不确定性：①基于物理产品，因此营销活动必须在物理产品被制造之后才能进行；②脱离物理产品，在物理产品制造完成之前提早进行营销活动，易存在实际产品与宣传产品不符的风险。而基于数字孪生体的营销则排除了这一风险。

数字孪生体将同步输出营销信息，由于数字孪生体在设计阶段被修改时，营销材料也随之一起变动，须确保营销材料所宣传的产品信息与实际设计的产品保持一致。使用与设计同步输出的营销材料，既可避免营销活动的推迟，也不需依赖实体制造部门的生产进度。如今图形化的营销材料可以从数字孪生体的几何信息中方便地被读取，营销图片可以从虚拟产品中截取，而从虚拟产品中获取视频材料的技术手段也在进步并已有一些应用，如机械产品与车间生产仿真动画的输出等实例。

（2）产品制造阶段的数字孪生

第一，快速成型。在产品设计完成后，对于具有复杂外形的产品如汽车等需要创建产品的外形原型，以供概念展览或设计评价。增材制造只需输入虚拟模型即可输出物理实体，由于忽略了空腔或曲面等结构的难加工问题，使增材制造成为一条效率极高的联系虚拟产品与物理样机的通道。将数字孪生体中的三维模型信息输入增材设备，记录打印版本及打印数据，此时数字孪生体就有了相互映射的物理实体。

第二，工艺流程。工艺流程的编制将设计转变为制造方法和步骤。专业工艺人员将其经验知识总结为工艺信息库，记录几何特征与工艺的匹配关系；数字孪生体对设计方案进行智能特征识别，识别获得的设计特征经由工艺信息库的处理，即可自动转换为对应的工艺。借助生产工艺仿真环境，智能匹配的工艺将在工艺工程师的监督下进行修订与仿真，逐步确定工艺顺序与工艺参数，并将结果返回数字孪生体进行存储。当设计方案变更时，数字孪生体即时更新，识别特征、匹配工艺与工艺顺序、工艺参数也随之更新，这一始于数字孪生体的工艺规划过程具有实时存储、即时响应、闭环调整的特点，从而使得设计与工艺规划能够同步进行。

第三，加工装配。加工与装配是执行工艺的过程，在该步骤中，产品将从一个设计方案实例转化成一批物理实体，这一过程是整个制造阶段中涉及企业资源最广泛和复杂的过程。在加工与装配阶段，数字孪生车间（DTW）代表数字孪生技术扮演着关键角色。数字孪生车间在车间孪生数据的驱动下运行，以实现生产和管控的最优为目标。数字孪生车间与数字孪生一样，同步进行以虚映实、以虚控实两个过程：以虚映实体现为虚拟空间对物理车间进行全方位全要素实时监控；以虚控实体现为对虚拟车间内部进行实时仿真与预测，并将计算结果返回并作用于物理车间。

以虚映实。数字孪生技术在车间管理中的应用，代表了一种超越传统监控手段的全新视角。与仅仅依赖于摄像头捕捉画面的传统监控系统相比，数字孪生车间通过其高度仿真的虚拟模型，提供了一个更为全面的信息获取平台。这种技术利用车间内部署的传感器和物联网技术，能够捕捉到包括生产资源的分布、库存的变动、设备的运行状态、物料的实时情况，乃至于环境中的噪声、振动和气体浓度等细微变化，并将这些信息以直观的可视化形式呈现在数字孪生模型中。数字孪生车间的数据展示方式灵活多变，可以根据用户的需求进行个性化定制。无论是直接的数值显示、动态的二维图表，还是通过颜色变化来表示参数的不同等级，都能够让用户迅速把握车间的实时状态。更为关键的是，当监测到任何生产指标偏离预设的安全阈值时，数字孪生车间能够及时发出警报，提醒管理人员采取相应措施。除了实时数据的采集与展示，数字孪生车间还具备强大的数据仿真、分析和推送功能。这不仅使得管理人员能够实时监控车间状态，还能够通过深入分析挖掘出潜在的问题和风险，从而在问题发生之前就进行预防和调整。这种前瞻性的管理方式，极大地提高了生产效率和安全性，确保了生产任务能够在规定的时间内顺利完成。数字孪生车间的这些优势，无疑为现代制造业的智能化和自动化发展提供了强有力的支撑。

以虚控实。数字孪生车间的可操作性为管理人员提供了一种全新的工作模式。他们不仅能够实时观察到车间的生产动态，而且可以通过数字孪生车间的用户界面，直接与班组长进行沟通，发送指令或交流信息。这种即时的沟通机制极大地提高了生产管理的效率和响应速度。更进一步，管理人员还可以根据安全操作规程，获得更高级别的权限，以远程控制车间内的设备，包括启动、停止或调整设备参数，从而实现对生产过程的精确控制。

第四，制造记录。制造过程中会产生两类数据，分别为车间生产数据与产品属性数据。将车间生产数据总结为工作指导书对加工与装配过程进行记录；将产品属性数据记录在完工文件中，对制造过程中产品添加的特征进行记录。工作指导书与产品完工文件是车间与产品的数字孪生体的完工信息。完工信息集成了产品设计与产品制造两大阶段的数据，同时面向产品维护阶段，是产品维护的主要信息来源。

工作指导书。工作指导书详细记录了产品加工和装配过程中实际采用的工艺流程，为工人和工艺规划师提供了宝贵的参考。特别是对于创新性和复杂性较高的产品，工艺规划可能会经过多次的调整和优化。在这一过程中，工作指导书不仅帮助工人总结经验、避免重复错误，而且对于工艺规划师来说，它还是提升规划能力、深入了解企业加工能力的重要工具。

产品完工文件。产品完工文件详尽地记录了产品的物料清单、工艺流程、装配细节、关键特征、关键参数、检测结果以及配件信息，并包含了产品的最终虚拟模型。这些数据为产品的制造过程提供了详尽的备份，有助于改进产品设计和制造流程。同时，关键特征、参数、检测和配件的数据构成了用户说明书的初步草稿，为产品服务和维护阶段提供了必要的信息。

(3) 产品维护阶段的数字孪生

产品的数字孪生体在制造阶段之前是作为整个企业的研发共同体，而在制造过程中，产品的实例被一一制造，对应的数字孪生体也在一一成长；制造过程将产品概念模型分化为不同批次的多个实例，被制造的每一个物理产品都将被映射为虚拟空间中的一个虚拟产品，因此数字孪生体也发生了相应的实例化行为，每个实例化的数字孪生体指向特定授权编号的一个产品，继而指向相应的特定用户。因此在产品维护阶段涉及两个数字孪生体的概念：产品在设计与制造阶段统一遵循的作为模板的虚拟产品被称为产品数字孪生体，而制造后特定的单个产品对应的、跟物理产品一并售出的虚拟产品被称为产品数字孪生体的实例。

第一，组件配置管理。组件配置管理在数字孪生技术中占据了核心地位，特别是在产品服务阶段，它确保了虚拟产品与物理产品之间的同步和一致性。随着产品在用户手中经历日常使用，不可避免地会出现零件的磨损、故障或损坏，需要维修或更换。在现代智能化产品中，软件配置也可能因用户个性化的使用习惯而发生变化，硬件组件也可能因升级而替换。因此，仅依靠产品出厂时的初始配置信息来维护产品是不足够的，可能会导致维护过程中的错误和误解。在这种背景下，产品数字孪生体的实例变得尤为重要。物理产品的任何组件变更都会实时反映在对应的数字孪生体实例中。数字孪生体能够自动响应这些变更，比如更新物料清单，记录替换件的使用情况。这种实时更新和同步确保了虚拟产品与物理产品的一致性，使得制造商能够持续追踪产品的实际状态，并收集有关产品使用和组件认可度的宝贵数据。

数字孪生体的这种能力，为售后服务和用户之间建立了一个互动的桥梁。售后服务人员可以利用数字孪生体进行产品的跟踪和监控，从而更有效地进行维护工作。同时，用户也能够将使用中遇到的问题实时反馈给制造商的维护部门，使得产品维护活动既受到服务人员的推动，也得到用户的积极参与。这种双向互动不仅提升了产品维护的效率和准确性，也加深了制造商对用户需求的理解，有助于改进产品设计和提升用户满意度。

第二，服务清单运用。服务清单由设计人员在产品开发阶段就预先进行了规划和创建，旨在指导和辅助产品售后服务人员的工作。在设计产品的过程中，设计人员不仅要考虑产品的性能和功能，还要充分考虑产品的可维护性。一个可维护性差的设计可能会导致产品寿命的缩短，因此，设计人员需要对此类设计进行必要的调整和优化。

服务清单作为一个量化工具，能够明确地衡量和反映产品的可维护程度。它详细列出了产品维护所需的各个项目以及相应的维护方法，为售后服务人员提供了清晰的指导和参考。这样的清单对于售后服务人员来说，在初期对用户进行产品使用培训以及后期处理产品故障维护时，都具有极高的应用价值。在产品服务过程中，服务清单与产品数字孪生体的实例相结合，为售后服务人员提供了强有力的支持。当用户反馈产品故障时，售后服务人员可以根据服务清单和数字孪生体的信息，向产品设计人员提供详细的产品故障报告。在服务项目与技术审批完成后，售后服务人员便可以携带必要的工具和备件前往用户现场进行产品维护。

3. 基于数字孪生的制造

数字孪生技术为产品生命周期管理（PLM）注入了新的活力，推动了PLM 向更高层次的发展。随着虚拟现实（VR）、增强现实（AR）以及嵌入式系统、通信、控制和计算机仿真技术的快速发展，产品数字孪生体正在逐渐成为未来制造各个阶段的核心。这种技术使得产品全生命周期的数据能够在虚拟空间中循环流通，为制造的各个阶段提供所需的信息，同时承载和传递制造阶段的反馈信息。

基于这种认识，可以构想一种新的制造模式——基于数字孪生的制造（DTBM）模式。在这种模式下，产品数字孪生体成为产品生命周期各阶段共同遵循的统一架构，产品的全生命周期将是一个现实生命周期与数字孪生体不断进行数据交互的过程。这种数据交互对于产品生命周期的推进是至关重要的，它不仅确保了各阶段工作的可操作性和可服务性，而且保证了产品信息的积累完整性与来源单源性。对于产品更新换代和企业发展来说，基于历代产品的周期性完整生命信息，可以科学指导企业的发展方向。

DTBM 模式的实现，需要依靠虚拟空间的扩展，这与信息物理系统（CPS）所倡导的虚实融合愿景相契合。数字孪生技术本质上是实现虚拟空间与现实空间的融合，而基于数字孪生的制造则实现了以产品数字孪生体为核心的虚拟空间与以产品物理生命周期为核心的现实空间的充分融合。从这个角度来看，DTBM 模式实际上是基于模型的定义（MBD）的延伸，在产品全生命周期过程中融合了基于模型的工程（MBE）、基于模型的制造（MBM）、基于模型的维护（MBS）的概念，成为基于模型的企业（MBE）的雏形。从方法学上讲，DTBM 是基于模型的系统工程（MBSE）在制造过程的终极和顶层实施架构。

数字孪生技术为制造业带来的价值是多方面的。在商业竞争中，"快鱼吃慢鱼"的现象尤为明显。数字孪生技术能够使工程师快速从失败中学习，快速迭代和演变，从而成为"快鱼"。利用数字孪生技术，可以减少产品设计、制造过程、系统规划和生产设施设计所需的时间，缩短产品上市时间；通过快速迭代持续优化产品技术性能；帮助公司灵活调整、降低成本、提高质量，提高公司各层次的生产力。

以飞机制造为例，数字孪生技术可以在设计阶段结合历史数据设计飞机结构和模型，并通过模拟实验验证设计性能。在生产阶段，可以实时监控生产指标，及时调整生产策略，提高生产效率和质量；在飞机交付运行后，可以实时监控飞机运行情况，帮助运维人员制订更好的运维策略。目前，许多制造行业，如汽车、飞机等，已经开始引入数字孪生技术，以提高产品制造的效率和质量。波音公司首席执行官 Dennis Muilenburg 曾表示，数字孪生技术使飞机质量提升了 40%~50%，并且认为数字孪生和工业制造的未来将擦出更多火花。

总之，数字孪生技术为制造业带来了巨大的变革潜力，它不仅改变了产品设计和制造的方式，而且为产品全生命周期管理提供了新的解决方案。随着技术的不断发展和应用，数字孪生技术将为工业制造领域带来更加广阔的发展前景。

二、数字孪生与城市

(一) 数字孪生城市的基本特征

1. 精准映射

"城市的智能发展就是要具备在不同时间、空间切换的能力，数字孪生城市能够实现物理空间与数字空间主体间的虚实交互，增加城市管理的可见性。"[①] 数字孪生城市，即利用先进的信息技术，创建一个与实体城市相对应的虚拟城市模型，通过这个模型实现对城市基础设施的全面数字化管理。这种技术的核心在于"精准映射"，它通过在城市的各个层面部署传感器，收集和分析数据，以实现对城市运行状态的实时监测和动态管理。

（1）数字孪生城市的构建需要在天空、地面、地下以及河道等多个层面布设传感器。这些传感器负责收集城市基础设施的各类数据，包括但不限于城市道路、桥梁、井盖、灯罩以及建筑物等。通过这些传感器，可以实时捕捉到城市运行的每一个细节，无论是交通流量、桥梁的负荷状态，还是井盖的位移情况，都能够被精确地监测到。

（2）收集到的数据被用于构建一个全面的数字化模型。这个模型不仅仅是对城市物理形态的简单复制，更重要的是，它能够反映出城市运行的动态过程。通过这个模型，城市管理者可以对城市的运行状态有一个清晰、直观的认识。例如，通过分析交通流量数据，可以优化交通信号灯的设置，减少交通拥堵；通过监测桥梁的负荷状态，可以及时发现并修复潜在的结构问题，确保市民的安全。

（3）对城市运行状态的动态监测。随着城市运行状态的变化，虚拟城市模型也能够实时更新，保持与实体城市的高度一致性。这种实时性和动态性，使得城市管理者能够及时响应各种突发事件，如自然灾害、交通事故等，从而提高城市的应急响应能力。

（4）帮助城市管理者进行长远规划。通过对历史数据的分析，可以预测城市发展的趋势，为城市规划提供科学依据。同时，数字孪生城市还可以作为一个试验平台，用于测试不同的管理策略和规划方案，从而降低实施风

---

① 仇保兴，陈蒙.数字孪生城市及其应用 [J].城市发展研究，2022(11)：2.

险，提高决策的准确性。

在信息维度上，数字孪生城市实现了对实体城市的精准信息表达和映射。这种映射不仅仅是物理层面的，更是功能和性能层面的。通过这种映射，城市管理者可以更好地理解城市系统的复杂性，发现潜在的问题，并制定出更加有效的解决方案。

2. 虚实交互

"随着元宇宙概念的不断深化，虚拟现实和增强现实的技术得到了快速的发展。"[①] 在数字孪生城市的构想中，虚实交互指的是在城市实体空间与虚拟空间之间建立一种互动和协同的关系，使得城市的规划、建设和居民活动能够在两个空间中得到延伸和扩展。这种虚实融合的模式，将为城市未来的发展带来全新的机遇和挑战。

（1）城市基础设施和各类部件的建设在实体空间中留下了物理痕迹，这些痕迹是城市发展的历史见证。而在虚拟空间中，通过数字技术，这些物理痕迹可以被转化为数字化信息，形成城市的数字档案。例如，一座桥梁的建设不仅在实体空间中留下了桥梁本身，而且在虚拟空间中留下了关于桥梁设计、施工、维护等的详细信息。这些信息可以用于桥梁的长期管理和维护，也可以为未来的桥梁设计提供参考。

（2）城市居民和来访人员的上网活动在虚拟空间中留下了信息痕迹。这些信息痕迹包括居民的生活习惯、消费行为、社交活动等，它们是城市社会活动的重要体现。通过对这些信息的分析，可以更好地理解城市居民的需求和偏好，为城市规划和建设提供依据。同时，这些信息也可以用于提升城市服务的质量和效率，如通过分析居民的出行模式来优化公共交通系统。

（3）为城市居民带来更加丰富和便捷的生活体验。居民可以在虚拟空间中参与城市的各种活动，如在线教育、远程医疗、虚拟旅游等。这些活动不仅能够提高居民的生活质量，还能够促进城市的经济发展。

3. 软件定义

（1）构建虚拟模型。孪生城市的首要任务是为物理城市构建一个精确的虚拟模型。这一过程涉及对城市基础设施、交通系统、能源网络、环境状

---

① 黄案. 面向虚实交互的档案遗产跨资源互动模型研究 [J]. 山西档案，2023(6)：172.

况以及社会经济活动的详细数据采集。利用三维建模技术、地理信息系统（GIS）、物联网（IoT）等现代技术手段，可以创建出与现实城市高度相似的数字化镜像。

（2）模拟城市行为。在虚拟模型的基础上，通过软件模拟技术，可以模拟城市中的人、事、物在真实环境下的行为模式。这种模拟不仅包括日常的交通流量、能源消耗等，还可以涵盖突发事件下的应急响应、灾害管理等复杂情景。软件模拟使得城市管理者能够在不影响现实城市运行的前提下，对各种城市运营策略进行测试和优化。

（3）云端与边缘计算的应用。为了实现高效的数据处理和实时的决策支持，孪生城市大量依赖于云计算和边缘计算技术。云端计算提供了强大的数据存储和处理能力，能够处理海量的城市数据，并支持复杂的模拟和分析任务。而边缘计算则将数据处理和分析任务分散到城市各处的边缘节点，这样可以减少数据传输的延迟，提高响应速度，尤其适用于需要快速反应的交通信号控制和能源调度等场景。

（4）软性指引与操控。孪生城市通过软件定义的方式，实现了对城市运行的软性指引和操控。这意味着城市管理者可以根据模拟结果和实时数据，调整交通信号的配时，优化电热能源的分配，制订重大项目的建设计划和周期管理，以及进行基础设施的选址和建设。这种基于数据和模拟的决策过程，相较于传统的经验主义方法，更加科学、精确和高效。

（二）数字孪生城市的主要架构

数字孪生城市建设依托以云、网、端为主要构成的技术生态体系，端侧形成城市全域感知，深度刻画城市运行体征状态；网侧形成泛在高速网络，提供毫秒级时延的双向数据传输，奠定智能交互基础；云侧形成普惠智能计算，以大范围、多尺度、长周期、智能化实现对城市的决策、操控。

1.群智感知、可视可控

在现代城市发展的过程中，感知技术的集群化应用正逐渐成为提升城市智能化水平的关键因素。随着感知终端的广泛部署，城市环境的监测与数据收集能力得到了显著增强。这些终端不再局限于传统的 RFID 和传感器节点，而是向着具备更高级感知、通信和计算功能的智能硬件演进，如智能杆柱和无人驾驶汽车等。这些设备通过集成先进的传感器和通信模块，能够实现对城市环境的深度感知和实时数据传输，从而构建起一个覆盖广泛、协同高效的群智感知网络。

随着个人持有的智能设备如智能手机和智能终端的技术进步，这些设备也开始扮演着城市感知网络中的重要角色。它们不仅具备了更加精密的传感能力，而且在感知、计算、存储和通信方面的能力也日益增强。这些设备作为感知网络中的"强"节点，能够对周边环境进行细致的监测，并对居民行为进行分析，进一步丰富了城市感知数据的维度和深度。在这一基础上，城市的基础设施也在经历着智能化的转型。通过引入智能标识和感知体系，传统的城市基础设施如城市综合管廊和路网等，正在实现规划的协同化、建设运行的可视化以及过程数据的全面留存。智能路网的建立，使得对路网、围栏、桥梁等基础设施的监测、养护和双向操控管理变得更加智能化。同时，多功能信息杆柱等新型智能设施的全域部署，为城市带来了智能照明、信息交互、无线服务、机车充电、紧急呼叫和环境监测等一系列智能化服务，极大地提升了城市基础设施的运行效率和服务质量。

2.泛在高速、天地一体

当前的通信网络发展已经趋向于泛在高速、多网协同的接入服务。在这种发展趋势下，各种网络技术如4G、5G、WLAN、NB-IoT和eMTC等得到全面推进，并实现了多网协同部署。这种多网协同的部署不仅仅是简单的并行存在，更是通过基于虚拟化、云化技术的立体无缝覆盖，实现了无线感知、移动宽带和万物互联的接入服务。这种发展不仅仅提供基础的通信功能，更支撑了新一代移动通信网络在垂直行业的融合应用，为各个行业提供了更广泛的应用场景和服务支撑。

同时，这种发展也形成了天地一体的综合信息网络支撑云端服务。这一综合信息网络的建设，充分利用了新型信息网络技术，将空、天、地信息技术的各自优势进行了整合。通过多维信息的有效获取、协同、传输和汇聚，以及资源的统筹处理、任务的分发、动作的组织和管理，实现了时空复杂网络的一体化综合处理和最大有效利用。这种网络的建设为各类不同用户提供了实时、可靠、按需的服务，并构建了泛在、机动、高效、智能、协作的信息基础设施与决策支持系统。这种综合信息网络的建设不仅仅是通信技术的发展，更是信息社会发展的重要支撑，对社会经济发展和人类生活产生了深远的影响。

3.随需调度、普惠便民

随着信息技术的快速发展，边缘计算和量子计算作为前沿技术，在城市基础设施中的应用日益广泛。边缘计算通过在城市的关键节点，如工厂、道路和交接箱等处，构建具备环境感知、按需分配资源和智能反馈功能的节点，极大地提升了信息处理的速度和效率。这些节点能够对周边环境进行实时监测，快速响应各种需求，从而为城市的智能化管理提供了坚实的技术支撑。同时，量子计算设施的部署，基于原子、离子、超导电路和光量子等物理基础，为城市提供了前所未有的计算能力。这使得城市能够处理超大规模的数据，进行精准的天气预报，优化交通指挥系统，以及支持人工智能和科研探索等领域的计算需求。

在人工智能和区块链技术方面，城市正致力于构建一个统一的计算平台，该平台能够支持知识推理、概率统计和深度学习等智能技术。通过这一平台，城市能够提升知识计算、认知推理、运动执行和人机交互等方面的智能支撑能力。此外，区块链技术的引入，为智能合约的执行提供了强大的技术保障。定制化的区块链服务设施能够满足不同应用场景的需求，支持身份验证、电子证据保全、供应链管理和产品追溯等商业智能合约的自动化执行，从而提高了商业活动的透明度和安全性。

云计算和大数据技术的融合应用，为城市的智慧化发展提供了更加强大的动力。通过建立虚拟一体化的云计算服务平台和大数据分析中心，城市能够实现对跨地域服务器、网络和存储资源的有效调度。基于SDN（软件定义网络）技术，城市能够灵活地调整资源分配，以满足智慧政务、公共服务、综合治理和产业发展等各类业务的存储和计算需求。这种高度集成和智能化的设施，不仅提高了城市运行的效率，也为城市的可持续发展提供了有力的技术支撑。

（三）数字孪生城市的建设特征

目前，世界各国纷纷开展相关研究，并通过部署智能设备关键基础设施和信息仿真、城市镜像等多种手段，构建了不同形式的数字孪生城市模型和应用，取得了一定进展，在建设过程中呈现以下特征。

1. 虚拟互联、数据共享

在互联网时代背景下，万物互联和数据共享正逐渐成为社会发展的重要趋势。在此过程中，数字孪生技术的应用为智慧城市的构建提供了强有力的支撑。通过创建数字孪生城市，可以深度融合虚拟互联的概念和技术，实现对城市运行状态的全面感知和模拟。

例如，"虚拟新加坡"项目旨在建立一个统一的数据平台，通过数据可视化技术进行复杂模拟。该项目在城市范围内部署了大量传感器，这些传感器收集的数据汇聚成一个综合大数据平台，为构建数字孪生城市模型提供了基础。该模型包含了城市建筑的精确尺寸、整体布局以及材质等详细信息。目前，部分数据已经向公众开放，使得人们可以在线查看交通、停车以及安全监控等公开信息。

同样，巴塞罗那也高度重视物联网技术在智慧城市建设中的应用。该城市部署了大量末端无线传感器，用于实时采集城市运行数据。通过特定的数据处理平台，这些信息被整合分析，进而构建起数字孪生城市的模型。这一模型不仅有助于城市管理者进行决策支持，也为市民提供了更加便捷和智能的服务体验。

数字孪生城市的建设，通过高度集成的传感器网络和大数据分析，实现了对城市运行状态的实时监测和模拟。这种技术的应用，不仅提高了城市管理的效率和响应速度，也为城市规划、建设和运营提供了科学的决策依据。随着技术的不断进步和应用的深入，数字孪生城市有望成为推动城市可持续发展的重要力量。

2. 多场景模拟，实现智能化

在不同智慧城市的建设中，数字孪生城市模型在不同程度上展现了对城市服务场景的多层次、多维度和细粒度模拟能力。例如，德国的智慧城市项目主要集中在节能、环保和交通等关键领域，通过实施"能源系统开发计划"（Energy Systems Development Plan, ESDP），创建了一个未来能源系统的数字孪生体，对能源供应结构进行了全面的数字化，并模拟了多种可能的情景。巴塞罗那的智慧城市项目则在智能农业和城市卫生管理等方面取得了显著成效，其智能农业灌溉系统利用地面传感器收集湿度、温度和气压等数据，并将其传输回信息处理平台，从而实现了农业灌溉的智能化管理。此外，其智能垃圾回收系统能够在满载时发出信号，以便于工作人员据此调整垃圾运输车的频率和路线。

我国在智慧城市和物联网建设方面采取了试点研究和示范推广的模式。目前，全国已有超过 500 个城市明确提出了建设智慧城市的方案。然而，数字孪生技术在智慧城市建设中的应用仍处于初期阶段。北京城市副中心通过数字孪生技术和建模技术，解决了城市建设中的一系列复杂问题，构建了虚实融合的数字化城市。无锡市在智慧交通、智慧建设、智慧旅游等领域持续推进，基本建成了城市大数据中心和四大平台。中国香港则利用大数据建设智慧城市，通过城市数据建模和仿真，为物理实体城市建设了一个平行的虚拟空间，并利用数字孪生城市模型为政府和市民提供便利服务。

尽管数字孪生技术在现代化智慧城市建设中的普及程度尚有限，但随着技术的不断进步和发展，预计其将在城市建设的多个方面得到应用，推动智慧城市向更加数字化和智能化的方向发展。目前，数字孪生技术主要应用于城市规划和管理，预计未来将扩展到城市服务领域。通过构建数字孪生系统，涵盖服务场景、服务对象和服务内容等方面，将促进服务模式向虚实结合、情景交融、个性化和主动化方向快速转变。

第六章　数实融合及其发展路径探究

在数字经济时代，数实融合已成为推动经济高质量发展的关键动力。本章旨在深入探究数实融合的内涵、发展及其推动经济高质量发展，探索实现数实融合的有效路径，为政策制定者和企业管理者提供实践指导和决策参考。

第一节　数实融合的内涵与发展

一、数实融合的内涵阐释

数实融合是在技术应用和信息化发展的背景下，通过数字技术对实体产业进行全方位、全链条优化，以促进跨领域协同合作，形成经济发展的新格局，并充分释放数字技术带来的创新红利，推动实体经济的转型升级的重要策略。"新时代数实融合发展取得积极进展，成为带动全国高质量发展和经济体系优化升级的新动能。"[①]

首先，基本要素投入和互联网基础设施建设是数实融合发展的基石。在数实融合的过程中，数字技术的应用和创新需要人力、物力等基本要素的支撑。基本要素投入不足可能会限制数字技术在产业界的融合应用，甚至影响企业的正常运营。无论是在生产领域还是在消费领域，网络化设备的基础设施建设都为数实融合提供了必要的支撑。企业和个人通过网络平台进行信息交流，网络信息化的普及消除了信息流通的时空限制，加快了数据的获取和传输速度，使得数据这一新的生产要素能够更有效地发挥作用。

其次，数字技术与产业的深度融合是数实融合发展的核心。实体经济的转型升级需要将尖端数字技术与传统产业相结合。这种融合需要落实到各

---

① 王谦，王精辉，刘华军.新时代中国数实融合发展之路 [J].人文杂志，2024 (2)：1.

个产业的技术应用和创新开发上，例如，在大规模农业生产中应用智能化灌溉技术以提高产出效率，或在产品制造中集成能够感知人类需求的智能软件以提供个性化服务。从成本和价值的角度来看，数字技术与产业的融合降低了资源消耗和成本投入，同时创造了更大的价值空间。

最后，实现社会经济效益是数实融合发展的终极目标。数实融合不仅关注融合的基础建设和应用，更重视融合带来的社会经济效益。这是国家制定融合政策、企业推进融合转型、公众支持融合发展的根本动力。数实融合的推进能够激发技术创新的新浪潮，增强国际竞争力，通过资源的高效利用提升生产效率，帮助企业获得市场优势、增加收益。同时，数实融合还能激活就业市场、减少环境污染，为居民创造一个更加可持续的生活环境，这是数实融合在实际操作层面的重要价值所在。

二、数实融合的发展机理

实体经济向高质量方向发展现已成为维持经济健康和持续性发展的关键。数字经济能以其数字化、网络化特征为实体经济转型升级提供强大支撑，促使实体经济向高端化、多元化发展，实现新产品、新产业、新业态、新模式的"四新"发展变革。

(一) 数字经济是实体经济数字化转型的加速器

首先，数字经济是一种新型经济形态，以网络为载体，运用信息与通信技术（ICT），有效利用数据这一生产要素，以提升效率和优化结构。数字经济依赖于数据要素，并且具有网络虚拟化共享的特点，使得企业能够挖掘和利用海量数据的潜在价值，从而获得边际效益的增加。这不仅有助于企业深入了解业务现状，而且能够为企业制定发展目标提供方向指引和动力源泉。

其次，数字经济是以人工智能、大数据等核心技术为支撑的经济模式。数字技术的快速流通性使得企业能够及时掌握市场动态，生产出满足市场需求的产品，并提供个性化定制服务，以获得市场竞争优势。同时，数字技术的时空限制较小，企业可以通过互联网技术实现平台化合作，有效降低交易成本和业务流程的复杂性。通过平台共享，企业能够实现供需信息的有效对接，优化资源配置，解决供需匹配的结构性问题。

最后，数字经济的高技术性和高融合性能够有效促进企业效率的提升和产业的有机整合。数字技术在产品生产、加工、销售等各个环节的应用，使得企业能够精确控制产品质量，合理调度人力、资金等资源，提高企业运营效率和业务的精准性。同时，数字产业向其他产业的融合渗透，形成了新的产业模式，加速了产业的纵横向整合，有助于规模经济和范围经济的形成，使实体企业的业务范围得以扩大，产业业态更加丰富。

（二）实体经济数字化转型是促进数字经济发展的压舱石

实体经济的数字化转型对于推动数字经济的发展具有至关重要的作用。随着这一转型进程的深入，产业对于数字技术的需求日益增长，这不仅促进了数字技术的创新与优化，还为数字经济的持续增长奠定了坚实的基础。根据相关数据，数字经济的内部结构呈现出显著的倾斜趋势，其中产业数字化的比重连续三年超过80%。产业数字化是衡量传统产业通过数字技术实现效益提升的关键指标，因此，实体经济的数字化转型进一步巩固了产业数字化的地位。

在实体经济的数字化转型过程中，新业态和新模式的涌现为数字经济注入了新的活力。这些新兴的业态和模式，不仅提升了产业的运营效率，还拓宽了市场的发展空间，从而为数字经济的快速增长提供了强有力的支撑。实体经济的数字化转型，促进了产业数字化的深化，推动了数字技术在更广泛领域的应用，增强了数字经济的发展动力。

此外，实体经济的数字化转型还有助于提高资源配置的效率，优化产业结构，增强产业竞争力。通过数字化手段，企业能够更准确地把握市场动态，实现精准营销和个性化服务，进而提升用户体验和满意度。同时，数字化转型还促进了企业内部管理的智能化，提高了运营效率，降低了成本，为企业的可持续发展提供了有力保障。

三、数实融合的发展阶段

数实融合是一个动态系统的阶段性发展过程，可分为初期的基础建设阶段、中期的普及应用阶段和后期的创新研发阶段。

初期阶段，数实融合的核心在于基础资源的建设，主要包括数字技术的软硬件设施配备和信息化发展条件的构建。网络设备的广泛部署和技术人才的培育为数字技术的应用奠定了坚实的基础，为企业、政府及个人向数字化转型创造了有利的应用环境。

中期阶段，数实融合转向数字技术的应用推广。随着基础资源建设的逐步完善，数字技术开始逐步融入各个产业链和社会生活之中。在这一融合过程中，数字技术的附加价值逐渐显现，例如：在企业的财务管理和人力资源管理中，利用数字技术进行优化调度和精准控制；在生产制造环节，通过数字技术实现产品质量的严格监管和生产效率的显著提升；在销售环节，实现目标市场的精准营销和信息的高效流通。同时，网络平台的建立，促进了供需双方的信息交流，加强了产业链各环节的协同合作。

后期阶段，数实融合的焦点是模式创新。在前两个阶段的基础上，数字技术的应用已经产生了质的飞跃。例如，利用数字技术实时监测市场动态，为用户提供个性化的定制产品，实现生产模式的创新；通过网络平台签订商业协议并执行贸易交付，在商务交易中实现数字交易的价值模式创新；以及通过线上与线下的协同，创造出智能化、便民的服务模式等。

第二节　数实融合推动经济高质量发展

在当前的经济发展背景下，推动经济发展质量变革、效率变革、动力变革(以下简称"三大变革")，是实现经济高质量发展的关键所在。"三大变革"相互依托，是有机联系的整体。数字经济作为通过技术革命产生的新经济形态，"数实融合"所产生的增长方式与"三大变革"的内在要求具有一致性。鉴于此，下文也从数字经济与质量和效率变革的角度对相关文献进行梳理。

一、"数实融合"推动经济发展的质量变革

质量变革是"三大变革"中的主体，既包括提高产品和服务质量，也包括提高国民经济各领域、各层面素质。已有研究人员从过程与结果两个角度讨论了"数实融合"对经济发展质量变革的具体作用。

(一)"数实融合" 在供需两端的积极作用

在供给侧的研究中,主要探讨了数字技术与实体经济深度融合如何通过提升生产效率推动经济发展质量的变革。研究大致可分为两类:①基于规模经济、范围经济等传统经济分析框架,讨论数字经济时代企业的经营行为。数字技术为服务业带来了网络经济的特点,包括规模经济、范围经济和长尾效应。从规模经济角度来看,企业数字化能够分摊固定成本,增强企业的规模效应。同时,数字经济中的网络外部性可能导致需求端的规模效应。企业可以通过共享与合作内部化网络外部性,提高资源配置效率和社会福利。从范围经济角度来看,数字技术的广泛应用打破了行业界限,企业依据信息流和数据流进行生产,降低了管理和交易成本,减少了资产专用性,使得企业边界得以扩展。②关注数字经济时代企业经营的新实践,提炼新规律。研究表明,数字经济改变了企业的创新环境和创新模式。在创新环境方面,企业需重视产业链合作和用户网络价值的提升。在创新模式方面,企业更倾向于开放式和突破性创新。数字技术的应用对企业突破性创新具有积极作用,数字金融的发展有助于缓解企业创新的融资约束,使突破性创新在数字经济时代更为普遍。

需求侧研究的核心观点是数字经济促进消费升级和提升经济发展质量。研究可从研究范式和内容两个方面进行总结:①数字经济时代传统消费问题的延续。在微观层面,数字金融有助于实现家庭收入多样化,是促进消费升级的重要途径,数字金融发展能从总量和质量两方面提升消费水平,其机制包括促进高档产品消费和抑制基本商品消费;在宏观层面,刘洋认为数字经济产生了显著的"消费激励"效应,数字经济发展水平高的地区更有利于消费结构的优化。数字经济通过提高居民收入和推动产业结构升级实现消费升级。②探索数字经济激发的新消费模式或业态。共享经济促进了协同消费行为和价值共创理念的形成。而数字化平台满足了消费者多样化需求,企业可通过数字生态系统进一步挖掘消费潜力。

(二)"数实融合" 带来的经济结果

"数实融合",即数字经济与实体经济的深度融合,对经济社会发展产生了广泛而深远的影响。从经济结果的角度来看，这种融合在多个层面带来了积极的变化。

第一，在收入分配领域，数字经济通过优化初次分配、再分配以及三次分配的机制，有助于改善整体的收入分配格局。它为农民提供了新的收入来源，缩小了城乡之间的收入差距，为实现社会的共同富裕目标做出了贡献。数字技术的应用还促进了普惠金融的发展，使得金融服务更加普及和便捷，进一步促进了收入分配的公平性。

第二，在绿色发展和节能减排方面，数实融合通过推动城市绿色经济的增长和企业绿色创新，提高了企业的绿色全要素生产率。数字技术的应用使得资源利用更加高效，生产过程更加清洁，有助于实现经济的可持续发展。

第三，在就业结构的优化方面，数字经济的发展提升了城市对流动人口的吸引力，增强了劳动力的留居意愿。这种变化导致了就业结构的改善，其中中高技能劳动力的比例上升，而低技能劳动力的比例下降，呈现出一种有序的递进升级模式。

第四，在经济韧性的提升方面，数字经济对宏观经济以及特定细分领域如高技术产业、县域经济和城市经济的韧性均有积极影响。数字经济的融合增强了经济体对外部冲击的抵御能力，提高了经济的适应性和恢复力。

二、"数实融合"推动经济发展的效率变革

效率变革是"三大变革"的主线，也是提升我国经济竞争力的关键和实现高质量发展的支撑。学界既关注平台这种新组织形式带来的供需匹配效率提升，也关注数字技术应用带来的产业产出效率提升。

(一) 平台、数据与匹配效率

价格是市场供需均衡关系的直接体现。由于平台企业具有明显的交叉网络外部性，平台在设计价格结构时往往会出现一定的倾斜，可能对一侧用户按照价值规律定价，而对另一侧用户实施价格补贴。关于定价问题的研究通常集中在社会福利这一静态市场效率的讨论上。歧视性定价能够增加平台的利润，并可能提升社会福利。然而，在交叉网络外部性的影响下，即使互

联网市场是自由进入的，企业的数量也可能超过社会福利最大化时所需的企业数，因此，自由竞争并不总能导致社会福利的最大化。另外，一种辩证的观点认为，在交叉网络外部性的作用下，虽然社会总福利水平可能增加，但企业排他性行为及其产生的圈定效应也可能导致福利水平下降。

此外，数据的丰富性为平台企业的定价提供了新情境。数据中蕴含的用户信息具有潜在价值，企业可以通过交换用户信息获得额外收益。随后，更多研究开始关注数据与用户行为之间的关系，并指出数据积累有助于企业更准确地分析用户行为。主流观点认为，交易数据能够形成更有效的偏好显示机制，使企业能够更精准地进行价格歧视，实现所谓的"大数据杀熟"。随着研究的深入，学术界开始关注数据价值在价格歧视中的应用路径，认为数据结合算法和算力可以更深入地挖掘消费者剩余，甚至可能实现理论上的完全价格歧视。

(二) 数字技术与产业效率的提升

数字技术在促进传统产业效率提升方面的研究已经涵盖了包括农业、制造业、服务业在内的各个产业领域。在农业领域，数字经济与农业的融合被认为能够引发产业链层面的变革。据研究，数字经济的发展能够显著提高农业企业的产出率，其中生产率的提升、融资的便利化以及创新能力的增强，是数字经济发展促进产出率增长的关键因素。

在工业或制造业领域，数字技术通过促进信息在网络层面的共享，为企业在产品和工艺创新方面实现跨职能合作提供了可能。此外，信息化作为"第三次工业革命"的核心，预计将显著提升劳动生产率，并减少劳动力在工业总投入中的比重。

在服务业领域，数字技术的应用不断推动传统行业和公共服务的改造与提升，为经济增长提供了持续动力。以运输服务业为例，数字技术有助于整合产业资源，形成集约化的产业格局，并实现精准供给，提供个性化服务产品。

除了在具体产业领域的产出效率提升，数字经济还在产业链层面提高了协作程度。现代流通体系的构建基于互联网、大数据、人工智能等新技术，以新业态、新模式为核心，由全球流通渠道体系、组织结构体系、战略支撑体系、贸易流通方式体系、流通价值体系等共同构成。此外，构建以现代流通为先导的体系，发挥市场在资源配置中的作用，促进产业和消费的升级，是推动经济发展的重要策略。我国现代流通体系应当以信息化、标准化、集约化、数字化、国际化、品牌化为导向，以适应数字经济的发展需求。数字经济通过提升流通效率，促进了全国统一大市场的形成，进一步推动了经济的高效运转。

第三节　推动数实融合的有效路径探索

抓住机遇，进一步深入推动数实融合，促使融合取得更好成效，以下具体路径值得准确把握。

一、夯实数字基础设施

在 21 世纪这个数字化时代，数字基础设施的建设不仅关乎一个国家的经济发展，更是衡量其综合国力和国际竞争力的重要指标。数字基础设施通常指的是支撑数字化服务和应用的物理和技术基础，包括但不限于高速宽带网络、数据中心、云计算平台、物联网设备、智能终端等。这些设施共同构成了信息传递、处理和存储的网络，是现代社会信息化和数字化的基石。

数字基础设施的重要性主要体现在以下方面。

第一，经济增长的催化剂。数字基础设施能够促进新产业的发展，提高传统产业的效率，从而成为经济增长的新引擎。

第二，社会进步的推动力。数字基础设施不仅在经济领域发挥着重要作用，它还是社会进步的重要推动力。通过提供远程教育、医疗等服务，数字基础设施有助于缩小城乡之间的差距，提升公共服务水平，促进社会的全面发展。

在教育领域，数字基础设施使得远程教育成为可能。通过互联网，优质的教育资源可以跨越地理限制，被更多的人所共享。这不仅提高了教育的普及率，也使得教育质量得到了提升。学生无论身处何地，都能接受到高质量的教育，这对于缩小城乡教育差距具有重要意义。

在医疗领域，数字基础设施同样发挥着重要作用。远程医疗服务的实现，使得偏远地区的居民也能享受到专业的医疗服务。通过视频咨询、在线诊断等方式，医生可以为患者提供及时的医疗建议和治疗方案，这对于提高医疗服务水平和改善居民健康状况具有重要作用。

第三，创新活动的支撑平台。强大的数字基础设施是科研创新的重要支撑平台。它为科研人员提供了丰富的数据资源和强大的计算能力，加速了新技术的研发和应用。①数字基础设施通过提供大量的数据资源，为科研创新提供了基础。在大数据时代，数据已成为科研创新的重要驱动力。通过分析和挖掘数据，科研人员可以获得新的发现和洞见，推动科学的进步。②数字基础设施提供的计算能力，使得复杂的科学计算和模拟成为可能。这对于科学研究具有重要意义。例如，在生物科学领域，通过高性能计算，科研人员可以模拟生物分子的结构和功能，从而加速新药的研发。③数字基础设施还促进了科研合作。通过网络平台，不同地区的科研人员可以方便地交流和合作，共享数据和研究成果，这极大地提高了科研效率。

二、提升自主创新能力

在数字经济时代，自主创新能力的提升对于一个国家或地区的科技竞争力和经济发展具有决定性影响。特别是对于数字技术领域的核心技术，自主创新不仅是推动数字产业化的关键，也是实现产业数字化、提升传统产业竞争力的重要途径。

(一) 数字产业领域的自主创新

在数字产业领域，我国科技企业正站在时代的前沿，面临着前所未有的发展机遇。为了引导数字产业化的进程，企业需要充分利用国家的体制优势和庞大的市场潜力，深化内部体制改革，激发自主创新的潜能和动力。这包括但不限于以下方面：

第一，体制优势的利用。企业首先应充分利用国家的体制优势，依托国家政策的支持，通过与政府部门的合作，获取研发资金，享受税收优惠等政策。这些政策激励不仅能够为企业的研发活动提供必要的资金支持，降低研发成本，还能激发企业的创新活力，促进技术进步。例如，国家对于高新技术企业的税收优惠政策，可以显著减轻企业的财务负担，使得企业有更多的资源投入研发和创新活动中。

第二，市场优势的发挥。中国庞大的市场为企业提供了广阔的应用场景和丰富的用户反馈。企业可以依托这一市场优势，快速迭代产品，优化服务，满足消费者的多样化需求。市场反馈是产品创新的重要源泉，企业通过与用户的互动，可以及时了解市场需求，发现产品的不足之处，进而进行针对性的改进。此外，大规模的市场应用还可以帮助企业积累大量的数据资源，为大数据分析和人工智能技术的应用提供基础。

第三，内部改革的深化。企业要想持续创新，必须深化内部改革，通过优化管理机制、激励机制等，提高研发团队的创新积极性。企业需要建立一套科学合理的激励机制，激发员工的创新潜能，鼓励员工提出创新想法，并对创新成果给予合理的奖励。同时，企业还需要构建一个开放包容、鼓励创新的企业文化，营造一个有利于创新的组织氛围。企业文化的建设不是一朝一夕之功，需要企业长期的努力和坚持。

第四，核心技术的掌握。在 5G、大数据、云计算、人工智能等关键技术领域，企业必须致力于掌握核心技术，确保在国际竞争中拥有话语权和主导权。核心技术是企业的核心竞争力，只有掌握了核心技术，企业才能在激烈的市场竞争中占据有利地位。企业需要加大研发投入，加强与高校、科研机构的合作，引进和培养高端人才，不断提升自身的技术创新能力。同时，企业还需要加强知识产权保护，维护自身的技术优势。

(二) 传统工业领域的数字化转型

对于传统工业领域，政府的角色在于引导和支持企业的数字化转型，以提升整个产业的竞争力。这需要政府在以下方面发挥作用。

第一，主营业务的专注。政府应鼓励传统工业企业专注于其主营业务，通过技术创新丰富产品和服务的供应，提高市场竞争力。

第二，工业互联网的发展。推动企业利用工业互联网技术，实现生产过程的智能化、自动化，提高生产效率和产品质量。

第三，数字化转型的推进。政府应出台相关政策，支持企业进行数字化转型，包括提供技术咨询、资金支持等。

第四，融合创新的鼓励。鼓励企业在数字化转型的基础上，进行跨领域的融合创新，如将信息技术与传统制造业相结合，开发新的产品和服务。

三、健全数据与信息安全监管体系

随着数字经济的蓬勃发展，数据与信息安全成了社会关注的焦点。在推进数字技术与实体经济深度融合的过程中，确保数据与信息的安全是至关重要的前提。为此，必须采取一系列有效措施，加强信息数据的保护和信息基础设施的建设，以保障网络安全、个人隐私、商业秘密以及科研成果等关键信息的安全。

(一) 加强信息数据保护与基础设施建设

首先，加强信息数据保护是确保数据安全的基础。这需要从技术、管理和法律等多个层面进行综合施策。在技术层面，应采用先进的加密技术、访问控制机制等手段，提高数据的安全性。在管理层面，需要建立严格的数据管理制度，明确数据的收集、存储、处理和传输等各个环节的安全要求。同时，法律层面的保障也是不可或缺的，需要通过立法明确数据保护的法律责任，对违法违规行为进行严厉打击。

其次，加强信息基础设施建设是保障信息安全的重要手段。信息基础设施包括网络设备、数据中心、云计算平台等，是数字经济运行的物质基础。应加大投入，提升信息基础设施的技术水平和安全防护能力，确保其稳定可靠运行。

(二) 建立健康的网络秩序

为了营造一个安全、健康的网络环境，必须建立健康的网络秩序。这需要政府部门、企业和社会各界的共同努力。政府部门应加强对网络空间的监管，严厉打击网络欺诈、非法交易个人信息等违法行为。同时，企业也应承担起社会责任，加强对用户数据的保护，防止数据泄露。

(三) 加强法律法规建设

当前，加强有关法律法规建设是提高数据与信息安全监管能力的重点。

应将数字技术融入法律工作中，丰富法律形式，提高立法效率，增加立法效果。这包括以下方面：

第一，立法效率的提升。利用数字技术提高立法工作的效率，缩短立法周期，快速响应社会需求。

第二，立法效果的增强。通过数字技术对法律法规的实施效果进行评估，及时调整和完善相关法规。

第三，法律形式的丰富。利用数字技术创新法律形式，如智能合约、在线纠纷解决机制等，提高法律的适用性和灵活性。

(四) 融入数字技术，提高监管效能

将数字技术融入法律法规建设，不仅可以提高立法的效率和效果，还可以提高监管的效能。例如，利用大数据分析技术，可以对网络行为进行实时监测，及时发现和处置违法行为。利用人工智能技术，可以提高法律文书的生成效率，减轻法官和律师的工作负担。

四、优化数实融合良好环境

随着数字化转型的深入，数实融合已成为推动经济高质量发展的关键动力。政府在这一过程中扮演着至关重要的角色，需要通过完善相关政策和构建良好的环境，为数字化转型提供坚实的支撑。

(一) 政策环境的完善

政府应不断优化政策环境，以促进数实融合的深入。这包括但不限于以下方面：

第一，为鼓励企业进行数字化转型，政府可以提供税收减免等优惠政策，降低企业转型的财务负担。

第二，通过设立专项基金或提供贷款贴息等方式，为数字化转型提供资金支持，尤其是对于中小企业，这将极大地缓解其资金压力。

第三，数字化转型需要大量懂技术、会管理的复合型人才。政府应通过教育改革、职业培训等手段加快人才培养，满足市场需求。

(二) 数字经济评估标准体系的建立

为了更加精确地衡量企业数字化转型的发展状况，政府应建立一套数字经济评估标准体系。这套体系应包含多个维度，如：

第一，评估企业在生产、管理、服务等方面应用数字技术的程度和效果。

第二，衡量数字经济对整体经济增长的贡献，反映数字化转型的经济效益。

第三，评价企业通过数字化转型在提升效率、降低成本、增强创新能力等方面取得的成果。

(三) 数实融合标准的完善

数实融合的标准化是实现其健康发展的前提。政府应推进以下几方面的工作：

第一，制定统一的技术标准和接口规范，确保不同平台之间的互联互通，避免形成信息孤岛。

第二，建立数据采集、处理、存储和传输的标准，保障数据的质量和安全。

第三，鼓励不同行业、不同企业之间的业务协同，通过共享资源、整合优势，实现共赢发展。

第四，建立信息共享机制，促进数据的开放和流通，提高资源配置效率。

五、培养新型跨界数字化人才

在数字化转型的大背景下，新型跨界数字化人才的培养显得尤为重要。这些人才不仅需要具备深厚的专业知识，还应拥有跨界的思维能力和创新精神，以适应数字经济的发展需求。为了加快这一进程，需要从教育培训、思维培养、政策支持等多个方面入手，构建一个全面、高效的数字人才培养体系。

第一，加强数字化人才培训。数字化人才的培养需要加强专业培训，提升人才的专业技能和知识水平。这包括但不限于数字经济、物联网技术、人工智能等前沿技术领域的教育和培训。通过这些培训，人才能够掌握最新的数字技术，为数字化转型提供强有力的技术支持。

第二，除了专业技能的培训，强化数字化思维同样重要。数字化思维是指运用数字技术解决问题、优化流程、创新业务的思维方式。这种思维方式要求人才能够从数据的角度出发，进行分析和决策，以适应数字化时代的工作要求。

第三，为了培养适应数字化时代的人才，教育改革势在必行。高校和职业院校应开设更多跨学科课程，打破传统学科界限，促进知识的综合与创新。例如，将计算机科学与经济学、管理学等学科相结合，培养既懂技术又懂管理的复合型人才。

第四，构建一个系统的数字人才培养体系是加快人才培养的关键。这需要政府、高校、企业和社会组织的共同努力。政府应出台相关政策，提供资金和政策支持；高校应改革教育体系，提供高质量的教育；企业应提供实习和就业机会，促进人才的实践能力培养；社会组织应提供交流和学习的平台，促进人才的交流与合作。

第五，为了吸引和留住人才，政府和企业应进一步提高人才的福利待遇。这包括提供有竞争力的薪酬、良好的工作环境、职业发展机会等。同时，还应打造一个开放、灵活的人才培养机制，为人才提供更多的学习和成长机会。

第六，开放灵活的人才培养机制是吸引跨界人才的重要因素。这种机制不仅能够为人才提供多样化的学习和发展机会，还能够激发人才的创新精神和创造力。政府和企业应通过建立合作平台、提供创业支持等方式打造这样的人才培养机制。

第七章　信息系统项目管理及应用研究

在当今信息化时代，信息系统的建设已经成为推动企业发展和提升组织效率的关键因素。信息系统项目管理作为确保项目顺利进行、实现项目目标的核心环节，其重要性不言而喻。本章从信息系统项目的周期性管理、质量管理，以及计算机数据库技术在项目管理中的应用三个方面，对信息系统项目管理及其应用进行研究。

第一节　信息系统项目的周期性管理

项目生命期描绘的是一个项目从开始到结束所经历的阶段序列，包括启动阶段、计划阶段、实施阶段和收尾阶段。项目生命期管理是一种分阶段控制的思想，每个阶段结束都要进行严格的阶段评估。项目生命期管理对于防范项目风险、重视过程管理具有重要意义。

一、信息系统项目的启动阶段管理

项目启动工作先要从项目识别开始，作为项目承建方，就是去找项目；作为项目投资方，就是要去适时启动一个合适的项目。项目识别后就要对候选项目进行可行性分析，如果有多个项目都通过了可行性分析，还要采用一定的方法去选择并确定最终的项目。

(一) 项目识别

项目识别，即项目发掘，其内涵丰富，涵盖两大核心议题。首先，从项目承接方视角出发，关键在于如何有效地探寻潜在的项目机会。这包括但不限于市场调研、信息收集和趋势分析，以便及时发现并定位可能的业务点。

其次，从企业客户的角度考虑，项目识别涉及如何基于企业的信息化需求，或是针对企业面临的特定问题，甚至是出于市场竞争的考量，恰当地启动新项目。这要求企业不仅要对内部需求和外部环境有深刻理解，还要具备前瞻性和策略性。

当面临多个潜在项目时，选择一个或几个优先级最高的项目进行实施是至关重要的。这通常涉及对项目的潜在收益、风险、资源需求以及实施难度等多方面因素的综合评估。

项目识别的具体方法，主要侧重于如何根据企业的实际情况来启动项目。其中，"问题—目标分析法"是一种常用的方法。该方法的核心理念是，从当前存在的问题出发，深入分析找出问题的主要原因，接着针对这些原因提出解决问题的策略和措施。最终，选择并启动能够支持某些关键目标实现的项目，这一过程不仅要求逻辑清晰、分析精准，还需要具备一定的创新性和实用性。

(二) 项目可行性研究

在项目正式启动之前，都必须从业务上、技术上、经济上等进行可行性分析，经过可行性分析论证的项目可以最大限度地避免各种项目风险。在进行可行性分析前，先要按照 SMART 原则制订一个合理的项目目标。

1. 项目目标制订的原则

在进行项目可行性研究之前，首先要检查项目的目标是否制订好了。检查项目是否有一个好目标，可按以下的 SMART 原则对照检查：

（1）具体的（Specific）。用具体的语言清楚地说明要达成的行为标准。很多团队不成功的重要原因之一就是目标定得模棱两可，或没有将目标有效地传达给相关成员。例如，假设有项目目标为"增强客户意识"，这种对目标的描述就很不明确，因为增强客户意识有许多具体做法，如减少客户投诉、提升服务质量、使用规范礼貌用语、采用规范的服务流程等。

（2）可衡量的（Measurable）。目标最好能用数量、质量和影响等标准来衡量。如果制订的目标没有办法衡量，就无法判断这个目标是否能实现。目标的衡量标准遵循"能量化的量化，不能量化的质化"，使制订人与考核人有一个统一的、标准的、清晰的可度量的标尺，杜绝在目标设置中使用形容词等概念模糊、无法衡量的描述。对于目标的可衡量性应该首先从数量、质量、成本、时间、上级或客户的满意程度五个方面来进行。如果仍不能进行衡量，可考虑将目标细化，细化成分目标后再从以上五个方面衡量。如果仍不能衡量，还可以将完成目标的工作进行流程化，通过流程化使目标可衡量。

（3）可实现的（Attainable）。设定的目标是可以实现、达到的，最好是相关干系人都能接受的。项目目标设定需要项目相关干系人参与，特别是企业领导与项目经理和成员，使拟定的项目目标在组织及个人之间达成一致。既要使工作内容饱满，又要具有可达性。

（4）相关的（Relevant）。实现此目标与其他目标的关联情况，包括与工作单位的需要和员工前程相关的。如果实现了这个目标，但对其他目标完全不相关，或者相关度很低，那这个目标即使达到了，其意义也大打折扣。

（5）有时间约束的（Timely）。目标中包含一个合理的时间约束，预计届时可以出现相应的结果。目标设置要具有时间限制，根据工作任务的权重、事情的轻重缓急，拟订出完成目标项目的时间要求，定期检查项目进度，及时掌握项目进展的变化情况，以方便及时对下属进行工作指导，以及根据工作计划的异常情况变化及时调整工作计划。

总之，无论是制订团队的工作目标，还是员工的绩效目标，都必须符合上述原则，五个原则缺一不可。项目组在制订项目目标时，可针对上面的原则设计问卷和问题，以此来确定项目的目标是否是合理、科学的。

2. 项目可行性分析的内容

可行性研究是一个综合的概念，它是以市场为前提，以技术为手段，以经济效益为最终目标，对拟建的项目进行调查研究和综合论证，为项目建设的决策提供科学依据。项目可行性分析的内容如下：

（1）业务可行性。业务可行性分析主要是从产品策略、市场营销策略、竞争对手情况等方面来分析项目是否可行。业务可行性一般采用 SWOT 分析方法，它是从组织内部的优势（Strength）与劣势（Weakness）、组织外部的机会（Opportunity）与威胁（Threat）着手，来分析项目的可行性，以便在立项时扬长避短、利用机会、回避威胁。

（2）经济可行性。经济可行性分析主要从财务的角度分析项目是否能达到预期的经济目标，主要的方法有成本/效益分析。成本/效益分析法即分析项目的成本支出与实际或潜在收益。先列出成本的种类，如人工费、材料、设备、厂房等，然后将这些类别的费用进一步细化，初步估算各自成本。效益包括看得见和看不见的收益，如降低成本、增加收益等，也可能是负面的，如项目不能完成将带来哪些影响。

（3）技术可行性。技术可行性分析是考察项目在技术上是否可行。在信息系统项目中，要注意先进技术与成熟技术的取舍。

（4）生态和社会因素分析。生态方面是指一个组织的现在和潜在客户宁愿购买对环境无害的产品而不是有害产品，如节能、环保的考虑。社会因素指项目对员工和用户健康、安全、民族文化、伦理道德的影响。

（5）进度安排可行性。从时间进度安排上来讲，是否是可行的。进度可行性分析要结合项目团队的规模来分析。

（6）规章制度可行性。例如土地使用和规划法规、环境卫生安全标准、国家人力资源政策规定，或者营业许可著作权等方面的规章制度。

（7）运营可行性。要分析项目的实施是否会给公司带来负面影响。

从实际操作的角度，项目的可行性分析可通过问卷调查的方式来进行。

可行性分析的结果主要包括三种：可行、不可行和满足一定条件可行。可行则意味着按目前的情况可以启动；不可行就有可能要修改项目目标或取消项目；满足一定条件可行是项目在满足一定的附加条件下是可行的，如增加资金、延长时间等。

（三）项目的选择方法

在进行项目可行性分析之后，可能会有多个候选项目都通过了可行性分析，接下来就要在符合可行性的项目中选定项目。选定项目的方法有德尔菲法、头脑风暴法、净现值法、内部收益率法、投资回收期法等多种方式。

1. 德尔菲法

德尔菲法，又称专家意见法，它是依据系统的程序，采用匿名发表意见的方式，即专家之间不得互相讨论，不发生横向联系，只能与调查人员发生关系，调查专家通过多轮次对问卷所提问题表达看法，再经过反复征询、归纳、修改，最后汇总成专家基本一致的看法，作为选定的结果。这种方法具有广泛的代表性，较为可靠，尤其在处理复杂定性问题时优点更为明显，可以充分利用专家的意见。德尔菲法的具体实施步骤如下：

（1）组成专家小组。按照课题所需要的知识范围确定专家。专家人数的多少，可根据课题的大小和涉及面的宽窄而定，一般不超过20人。

（2）向所有专家提出所要商讨的问题及有关要求，并附上有关这个问题的所有背景材料，同时请专家提出还需要什么材料。然后，由专家做书面答复。

（3）各个专家根据他们所收到的材料，提出自己的看法和意见，并说明自己是怎样利用这些材料并得出结论的。

（4）将各位专家第一次判断意见汇总，列成图表，进行对比，再分发给各位专家，让专家比较自己同他人的不同意见，修改自己的意见和判断，也可以把各位专家的意见加以整理，或请身份更高的其他专家加以评论，然后把这些意见再分送给各位专家，以便他们参考后修改自己的意见。

（5）将所有专家的修改意见收集起来、汇总，再次分发给各位专家，以便做第二次修改。逐轮收集意见并为专家反馈信息是德尔菲法的主要环节。收集意见和信息反馈一般要经过三四轮。在向专家进行反馈时，只给出各种意见，但并不说明发表各种意见的专家的具体姓名。这一过程重复进行，直到每一个专家不再改变自己的意见为止。

（6）对专家的意见进行综合处理。德尔菲法能发挥专家会议法的优点：①能充分发挥各位专家的作用，集思广益，准确性高；②能把各位专家意见的分歧点表达出来，取各家之长，避各家之短。同时，德尔菲法又能避免专家会议法的缺点：①避免权威人士的意见影响他人的意见；②避免有些专家碍于情面，不愿意发表与其他人不同的意见；③避免出于自尊心而不愿意修改自己原来不全面的意见。德尔菲法的主要缺点是过程比较复杂，花费时间较长。可以把各候选项目的详细情况发给专家，然后采用德尔菲法请专家确定拟建设的项目。实际上，德尔菲法也可以和IT项目规划结合起来，让专家对拟建的IT项目做一个优先级的排序。

2.头脑风暴法

头脑风暴法是让与会者敞开思想，使各种设想在相互碰撞中激起脑海的创造性风暴，其可分为"直接头脑风暴法"和"质疑头脑风暴法"。前者是在专家群体决策基础上尽可能激发创造性，产生尽可能多的设想的方法；后者则是对前者提出的设想、方案逐一质疑，发现其现实可行性的方法，是一种集体开发创造性思维的方法。

头脑风暴法力图通过一定的讨论程序与规则来保证创造性讨论的有效性。从程序上来说，组织头脑风暴法关键在于以下环节：

（1）确定议题。主持人必须在会前确定一个目标，使与会者明确通过这次会议需要解决什么问题，同时不要限制可能的解决方案的范围。

（2）会前准备。为了使头脑风暴畅谈会的效率高、效果好，还需要会前做相应的准备工作，如收集一些资料预先给与会者参考，以便与会者了解与议题有关的背景材料和外界动态，还包括对会场做适当布置，如座位排成圆环形以便与会者充分交流。

（3）确定人选。一般以 8～12 人为宜，也可略有增减（5～15 人）。与会者人数太少不利于交流信息，激发思维；人数太多则每个人发言的机会相对减少，也会影响会场气氛。

（4）明确分工。要推定一名主持人，1～2 名记录员（秘书）。主持人的作用是在头脑风暴畅谈会开始时重申讨论的议题和纪律，在会议进程中启发引导，掌握进程，如通报会议进展情况、归纳某些发言的核心内容、提出自己的设想、活跃会场气氛等。

（5）规定纪律。根据头脑风暴法的原则，可规定几条纪律，要求与会者遵守，如要集中注意力积极发言，不要私下议论等。

（6）掌握时间。会议时间由主持人掌握，一般来说，以几十分钟为宜。时间太短与会者难以畅所欲言，太长则容易产生疲劳感，影响会议效果。

为保证头脑风暴法成功，应注意 8 个方面：①自由畅谈，参加者不应该受任何条框的限制，放松思想；②延迟评判，主持人不要评判与会者的观点；③禁止批评，与会专家和主持人不得对别人的设想提出批评意见；④将头脑风暴的中心议题写在白板上，确保每个人都充分理解中心议题的含义；⑤轮流发言，任何意见都会得到肯定，有人如果没想好可以随时跳过；⑥将每条意见用大号字写在白板上，用原话记录每条意见，不做任何解释；⑦复查意见记录，去除完全重复条目；⑧小心识别用词上有极细微差别的意见。

主持人可以把各候选项目的背景情况告知与会者，然后采用"质疑头脑风暴法"请与会者说明每个候选项目的风险、建设成功的利益和失败的损失。在此基础上，基本能够确定拟建的项目名称和内容。

3. 净现值法

净现值法（NPV）是评价投资方案的一种方法，该方法利用净现值的大小来评价投资方案。判断一个项目是否可行，要看它的净现值是不是大于零，净现值大于零，意味着项目能够取得收益，它的净收益是正的。也就是说，项目的净收益大于净支出，这个项目应该入选，反之不然。具体净现值的计算公式如下：

$$NPV = \sum_{t=0}^{n}(CI - CO)_t\left(1 + i_c\right)^{-t} \tag{7-1}$$

式中：CI——现金流入量；

CO——现金流出量；

$(CI-CO)_t$——第 t 年的净现金流量；

i_c——折现率。

净现值法是一种比较科学也比较简便的投资方案评价方法。净现值法的缺点是需要预先设定贴现率，给项目决策带来了一定的困难。

4. 内部收益率法

与净现值比较相似的另一个经济评价指标是内部收益率，也就是投资收益率。净现值是给定一个利率，把全部现金流收益的成本折到现在，得出一个现在价值。内部收益率是在整个生命期内的收益和支出正好相抵时求得一个利率，这个利率就称为项目的投资收益率或内部收益率。可以用内部收益率是否大于期望的标准收益率或基本收益率（行业投资平均收益率）来判断这个项目是否能够入选。

内部收益率法是指项目在计算期内各年净现金流量现值累计（NPV）等于零时的折现率（i）。计算公式如下：

$$NPV = \sum_{t=0}^{n}(CI - CO)_t(1 + i)^{-t} \tag{7-2}$$

式中：CI——现金流入量；

CO——现金流出量；

$(CI-CO)_t$——第 t 年的净现金流量。

如果项目内部收益率 i 大于或等于基准收益率，则可行。两个项目比较，则内部收益率 i 大的优先。

5. 投资回收期法

投资回收期法是通过计算项目从投产年算起，用每年的净收益将初始投资全部收回的时间来决定项目从经济上是否可行。投资回收期法分静态投资回收期和动态投资回收期两种。前者不考虑折现率，后者则考虑。

静态投资回收期（Pt）可通过下列公式计算：

$$\sum_{t=0}^{Pt}(CI-CO)_t = 0 \tag{7-3}$$

式中：CI——现金流入量；

CO——现金流出量；

Pt——投资回收期。

动态投资回收期（年）=[累计净现金流量现值开始出现正值年份数]−1+[上年累计净现金流量现值的绝对值 / 当年净现金流量现值]。

$$\sum_{t=0}^{T}(CI-CO)_t(1+i)^{-t} = 0 \tag{7-4}$$

式中：$(CI-CO)_t$——第 t 年的净现金流量；

i——折现率。

投资回收期法的优点是：易于理解，计算简便，只要算得的投资回收期短于行业基准投资回收期，就可考虑接受这个项目。两个项目进行比较时，投资回收期短的优先建设。

二、信息系统项目的计划阶段管理

就项目管理而言，项目计划就是项目实施的指南，并且这种指南要随着项目的进展而不断更新和细化。

（一）项目计划的作用

第一，指导项目的执行。项目计划是一份全面、综合、全局性、协调统一的整体计划文件，旨在指导项目实施和管理，以实现项目组织设定的多重目标。

第二，激励和鼓舞项目团队的士气。项目计划涵盖项目目标、任务和工作范围、进度安排和质量要求、成本预算、风险控制及变动控制措施，以及各种应急计划等内容。这些内容不仅规定了项目组织的工作，也对项目团队具有激励和提升士气的作用。例如，项目目标具有显著的激励效果，而项目进度安排中的各个里程碑对团队士气也有极大的提振作用。

第三，明确项目目标与基线要求。项目计划的核心内容是项目的各项目标和计划要求，这些要求是制订绩效考核和管理控制标准的基础和出发点。通常，项目控制工作需依据项目计划建立控制和考核标准，包括：一是评价项目工作成果的标准；二是项目产出物的管理与控制标准。这两方面的管理与控制标准均基于项目计划制订。

第四，促进项目干系人之间的沟通。项目计划为项目相关利益者提供了一个有效的沟通平台，从而成为他们之间沟通的基础。该计划确保所有项目干系人能够在一个共同的框架下进行交流。

第五，统一和协调项目工作的指导文件。项目计划是对项目各部分或群体的工作以及项目各项专项管理工作进行统一和协调的指导文件。它是通过对项目各种专项计划进行综合与整合而形成的，旨在协调和统一项目各项工作的文件。该文件规定了项目工作的目标、任务、时间、范围和工作流程，从而指导项目工作的协调与统一。这种指导对于整个项目工作的顺利进行至关重要，尤其是在项目实施过程中，它有助于避免多头指挥和矛盾命令，防止项目组织或团队中的不同群体各自为政。

(二) 项目计划的内容

项目计划分两种：一是项目的领域计划 (或称分计划或专项计划)，每个项目管理知识领域都有一个分计划，如进度计划、成本计划等；二是项目的总计划，它是通过使用项目专项计划过程所生成的结果，即项目的各种专项计划，运用整体和综合平衡的方法所制订出的，用于指导项目实施和管理的整体性、综合性、全局性、协调统一的整体计划文件。一般先对项目管理的每个知识领域做计划，然后综合汇总得到项目的总计划。

一般来说，项目总体计划包含以下内容：

第一，项目范围计划。项目范围计划说明了项目的目标，以及达到这些目标所要完成的可交付物，并作为项目评估的依据。项目的范围计划可以作为项目整个生命期监控和考核项目实施情况的基础，以及项目其他相关计划的基础。

第二，项目进度计划。项目进度计划是说明项目中各项工作的开展顺序、开始时间、完成时间及相互依赖衔接关系的计划。进度计划是进度控制和管理的依据。

第三，项目成本计划。项目成本计划就是决定在项目中的每一项工作中用什么样的资源（人、材料、设备、信息、资金等），在各个阶段使用多少资源，成本是多少。项目成本计划包括资源计划、成本估算、成本预算。

第四，项目质量计划。项目质量计划针对具体待定的项目，安排质量监控人员及相关资源，规定使用哪些制度、规范、程序、标准。项目质量计划应当包括与保证和控制项目质量有关的所有活动。质量计划的目的是确保项目的质量目标都能达到。

第五，项目人力资源计划。人力资源计划就是要明确项目不同阶段对人员数量、质量及结构的要求。

第六，项目沟通计划。沟通计划就是要明确项目过程中项目干系人之间信息交流的内容、人员范围、沟通方式、沟通时间或频率等沟通要求的约定。

第七，项目风险管理计划。项目风险管理计划是为了降低项目风险的损害而分析风险、制订风险应对策略方案的过程，包括识别风险、量化风险、编制风险应对策略方案等过程。

第八，项目采购计划。项目采购计划过程就是识别哪些项目需求应该通过从本企业外部采购产品或设备来得到满足。如果是软件开发工作的采购，也就是外包，应当同时制订对外包的进度监控和质量控制的计划。

第九，变更控制、配置管理计划。项目变更控制计划主要是规定变更的步骤、程序。配置管理计划就是确定项目的配置项和基线，控制配置项的变更，维护基线的完整性，向项目干系人提供配置项的准确状态和当前配置数据。

(三) 项目计划的编制

项目计划的编制是从收集项目信息开始，然后确定项目所需完成的任务和所花时间，得到项目进度计划。再以进度计划为基础，得到成本计划、资源计划等。项目计划编制不是一次性的，是一个动态的编制过程。

1.项目计划编制的过程

由于项目计划是一个综合计划，在实际编制时需要分步骤进行。一般情况下，先编制依赖性领域(包括范围、进步和成本等)的子计划，在此基础上编制保证性领域的子计划。具体来说，项目计划的制订要经过以下步骤：

(1)收集项目信息。通过收集与项目相关的信息，可以为项目计划的制订提供参考。收集的信息要尽可能地全面，既要有社会经济方面的信息，也要有具体项目的信息。特别是与本项目类似的信息，可为本项目的进度、成本计划等提供参考。

(2)确定项目的应交付成果。项目的应交付成果不仅是指项目的最终产品，也包括项目的中间产品。如对于信息系统项目其交付成果可能包括：需求规格说明书、概要设计说明书、详细设计说明书、数据库设计说明书、项目阶段计划、项目阶段报告、程序维护说明书、测试计划、测试报告、程序代码与程序文件、程序安装文件、用户手册、验收报告和项目总结报告等。

(3)分解任务并确定各任务间的依赖关系。从项目目标开始，从上到下，层层分解，确定实现项目目标必须做的各项工作，并画出完整的工作分解结构图(WBS)，得到项目的范围计划。确定各个任务之间的相互依赖关系，获得项目各工作任务之间动态的工作流程。

(4)确定每个任务所需的时间和团队成员可支配的时间。根据经验或应用相关方法给定每项任务需要耗费的时间；确定每个任务所需的人力资源要求，如需要什么技术、技能、知识、经验、熟练程度等。确定项目团队成员可以支配的时间，即每个项目成员具体花在项目中的确切时间；确定每个项目团队成员的角色构成、职责、相互关系、沟通方式，得到项目的人力资源计划和沟通计划。

(5)确定管理工作。项目中有两种工作：一是直接与产品的完成相关的活动；二是管理工作，如项目管理、项目会议、编写阶段报告等。这些工作在计划中都应当充分地被考虑进去，这样项目计划会更加合理，更有效地减少因为计划的不合理而导致的项目进度延期。

（6）根据以上计划制订项目的进度计划。进度计划应当体现任务名称、责任人、开始时间、结束时间、应提交的可检查的工作成果。

（7）在进度计划基础上考虑项目的成本预算、质量要求、可能的风险分析及其对策，需要公司内部或客户或其他方面协调或支持的事宜，制订项目的成本计划、质量计划、风险计划和采购计划等其他领域计划。

（8）项目总体计划的整合、评审、批准。得到各分项的计划之后，需要集成为项目的总体计划，简称项目计划。项目计划书评审、批准是为了让相关人员达成共识、减少错误，使项目计划更合理、更有效。

项目计划编制过程的结束以项目计划的确认为标志。项目组在项目计划制订完成后，应该对项目计划予以确认，只有确认的项目计划才能作为项目实施和控制的现实性指导文件。

2. 项目计划编制的策略

项目计划的编制是一项很有挑战性的任务，在编写时特别需要注意以下策略。

（1）项目计划的编制是一个滚动的过程。由于项目的独特性，项目计划不可能是一个静态的计划，不是在项目计划阶段一次就可以制订的。一般可以先制订一个颗粒度相对比较粗的项目计划，确定项目高层活动和预期里程碑，然后根据项目的执行情况及外界环境的变化等因素，不断地更新和调整项目计划。只有经过不断的计划制订、调整、修订等工作，项目计划才会从最初的粗粒度变得非常详细，这样的项目计划不但具有指导性，还具有可操作性。实际上，编制项目计划的过程就是一个对项目逐渐了解和掌握的过程，通过认真地编制计划，项目组可以知道哪些要素是明确的，哪些要素是要逐渐明确的，从而不断完善项目计划。

（2）注重项目计划的层次性。对于大型项目，其中可能又包含多个小项目。这样就有了大项目计划和小项目计划，形成项目计划的层次关系。

（3）重视与客户的沟通。与客户进行充分的交流与沟通是确保项目计划得以实施的必要条件。获得双方签字认可的项目计划是一种良好的实践。客户的签字不仅标志着双方达成了共识，使客户感到安心，同时也为项目组增添了责任感，具有督促和促进作用。

（4）编制的项目计划要现实。制订项目计划时，"个人经验"是不充分的。应积极鼓励并吸纳项目干系人（包括客户、公司高层领导、项目组成员）参与项目计划的制订过程。同时，在编制项目计划时，应充分利用历史数据，如项目计划模板等资源。

（5）尽量利用成熟的项目管理工具。运用现有的项目管理工具，能显著提升项目计划编制的效率。众多项目管理工具都配备了项目计划模板，编制项目计划时只需选择一个模板大纲，然后在此基础上进行细节上的调整即可。

三、信息系统项目的实施阶段管理

随着项目生命期进入了实施阶段，资源利用也随之增加，控制力度也就不断加强。项目实施的过程虽然是执行项目计划的过程，但同时也是检验项目计划的一个过程，更何况是面临更多实际的情况，因此就需要控制调整，保证项目不偏离目标。

（一）项目实施阶段的工作

根据项目生命期的特点，在项目实施阶段，项目的投入最多，跨越时间也最长。项目实施阶段是项目生命期的主体。具体来讲，项目实施阶段工作包括：①执行项目 WBS 中的各项工作；②跟踪、记录项目执行中的进度、成本及范围变更等信息；③将收集到的信息与项目最初原定计划进行比较；④对项目的偏差和变更进行控制。

项目实施根据项目总体计划，在一个报告期结束后，根据执行报告得到的实际执行信息与基准计划进行比较，并交给上层领导审查，如果发现有重要变更，则应调整计划，并采取相应措施，如果没有则顺利进入下一个报告期。

（二）项目的执行

项目的执行是为了实现项目目标，完成项目规定的最终交付成果所开展的一系列具体、实际的活动，是准确、及时完成项目中的各项工作，并得到客户满意和认可的过程。在这阶段，大部分的工作都是与项目最终成果相关的专业性活动。从项目管理角度来讲，项目执行的主要任务包括项目团队的建设和发展、项目沟通管理、项目按计划的执行过程及项目的采购管理等典型活动。

项目团队的建设和发展是项目执行时的重要任务，高效的项目团队能保证整个团队是富有战斗力的，为项目执行提供人力资源保证。高效项目团队的标志是团队成员有明确的目标和共同的价值观、高昂的士气，并且有融洽的关系和平常的交流及有效的激励机制。另外，在项目执行过程中，要做好项目团队成员的沟通，要建立一个顺畅的信息沟通渠道。一般来讲，项目团队的沟通包含正式的沟通和非正式的沟通。正式的沟通是项目正式的报告，如进度执行报告、成本执行报告、质量监测报告，以及工作周报、月报等。非正式的沟通包括各种碰头会、聚餐会等。

在项目执行时，还要做好项目的文档管理。为了保证文档版本的一致性，在项目执行之前就要对文档的输出格式、文档的描述质量、文档的具体内容、文档的可用性进行明文规定，并且要求所有的项目管理人员严格按照规定的要求输出、记录、提交文档。

(三) 项目的监控

1.项目监控内容

项目监控是指在项目生命期的整个过程中对变更进行识别、评价和管理。项目监控是项目管理的重要内容，在整个项目过程中，总会有各种各样的风险，时刻都有变更发生，所以早控制比晚控制好，控制比不控制好。项目监控包含以下三个方面的内容：

（1）识别变更的发生。识别哪些因素会导致变更，并分析变更对项目的范围、质量、进度、成本等关键目标所带来的影响。

（2）确认变更的发生。有些对项目影响较大的变更，要交给变更控制委员会（CCB）进行审批，确认变更已经发生。

（3）管理变更的发生。对已经发生的变更进行控制和管理。

项目监控的目的有两个：一是尽可能避免变更的发生，为此要确保客户充分参与，及时组织评审，倾听客户意见，保持客户沟通渠道畅通，及时反馈；二是要控制变更，为此要建立严格的变更控制流程，评估确定该变化带来的成本和时间的代价，再由客户判断是否接受这个代价。这里强调一点，变更控制不是推卸责任的工具，有些变更是由于设计缺陷造成的，对于这样的变更，开发方应该承担责任。

2. 变更控制系统

项目的监控需要一整套变更控制系统。变更控制系统是一系列正式的、文档式的程序，它定义了正式的项目变更的步骤。变更控制系统包括文档工作、跟踪系统和用于授权变更的批准层次。

许多变更控制系统包含变更控制委员会（CCB），负责批准或否决项目变更请求。变更控制委员会的权利和责任需要明确定义，并应征求主要项目干系人的同意。对于大型、复杂的项目，可能会有多个不同职能的变更控制委员会。

变更控制系统应该包括某些程序，用来处理无须审查而被批准的变更。例如，由于紧急情况，典型的变更控制系统会允许对某些确定类型变更的"自动"确认。当然，这些变更事后仍需进行文档整理并归档，以保证不在后续的项目管理中引起麻烦。

四、信息系统项目的收尾阶段管理

项目收尾是项目生命期的最后一个阶段。项目结束阶段，项目组要移交工作成果，帮助客户实现商务目标；系统交接给维护人员；结清各种款项。项目完成一段时间后，一般还应进行项目后评估。

(一) 项目收尾阶段的类型与工作

1. 项目收尾的类型

项目收尾：结束所有项目管理过程组完成的所有活动，正式结束项目，移交已完成或取消的项目。项目收尾包含以下两种类型：

（1）合同收尾。合同收尾主要是针对项目组的外部来讲，是指为完成与结算签订的合同所必需的过程，包括解决所有遗留问题并结束每一项与本项目或项目阶段有关的合同。合同收尾包括结清与了结项目的所有合同协议，以及确定配合项目正式行政收尾的有关活动时需要的所有活动与配合关系。

（2）管理收尾。管理收尾也叫行政收尾，是对项目内部来讲的，管理收尾包括一系列零碎、烦琐的工作，如收集、整理项目文件；对外宣称项目已经结束；进行经验教训总结，发布项目信息，重新安排项目人员，庆祝项目结束，总结经验教训等。

2. 项目收尾阶段的工作

具体来说，项目收尾阶段的主要工作包括以下内容：

（1）对项目产生的结果进行验收评估。当项目组完成项目的所有任务后，应该协助相关方面的人员对项目进行验收，以确保项目事先规定的工作范围内的工作都得到了圆满完成，同时检查项目完成的任务是否符合客户的要求，确保客户在合同中的要求都得到了满足。

（2）将项目结果移交给客户。对于信息系统项目而言，移交既包括软件及其文档的移交、硬件的安排，也包括对客户员工进行相应的培训。

（3）总结经验教训，形成案例。分析项目成败的原因，收集应吸取的教训，以及将项目信息写成案例供本组织将来使用。

（4）项目团队解散，项目人员安置。

（二）项目的移交与总结

一个成功的项目，不但要保证生产合格的项目产品、高质量地完成项目章程中规定的可交付物，还要重视项目移交和项目总结。

1. 项目的移交

在信息技术（IT）领域，鉴于信息系统用户的业务环境频繁变动，软件的维护与升级成为软件企业收入增长的关键来源。建立并维护良好的客户关系对于软件企业而言至关重要，它不仅有助于保持与客户的长期合作，还能为未来的软件项目注入活力。为了维系这种长期的客户关系，项目移交过程中的态度和表现显得尤为关键。项目移交的质量将直接影响客户对最终产品的看法，进而影响他们对整个项目的评价以及对软件企业的认可度。一个良好、顺利且友好的移交过程能够有效消除客户对产品的各种疑虑，从而有助于软件企业塑造积极的品牌形象。

2. 项目的总结

在信息技术（IT）企业中，项目完工后，组织内部需对项目进行详尽的总结，并据此编制一份项目总结报告。该报告与提交给客户的移交文档有所区别，其主要功能是作为企业内部评估项目实施成效、是否达成预定目标的重要依据，并为未来的项目规划与实施积累历史资料及经验教训。项目结束后，各项目成员应深入反思项目过程中的得失与成败。项目总结具有双重意义：一方面，它有助于员工个人通过积累经验实现职业成长；另一方面，它为未来项目提供了宝贵的参考，尤其是在管理、技术及开发流程方面，对于类似项目而言是一笔不可或缺的财富。成功的实践可转化为未来项目的标准操作流程，而项目管理方法论正是基于这些最佳实践，由实际操作经验提炼而成的理论体系。因此，认真编撰项目总结报告不仅是项目持续进步的关键，也是对项目本身及团队成员工作成果的一种尊重。

(三) 项目后的评估

项目后的评估主要是针对项目发起方来讲的。所谓项目后评估，就是在项目完成并投入使用一段时间后，对项目的运行及其所产生效益进行全面评价、审计，将项目决策初期效果与项目实施后的终期实际结果进行全面、科学、综合的对比考核，对项目投资产生的财务、经济、社会和环境等方面的效益与影响进行客观、科学、公正的评估。

从评估方法来讲，项目后评估的方法主要有前后对比法和有无对比法。前后对比法对项目实施前后的情况进行比较，属于一种静态评估方法；有无对比法对有项目时的效益和无项目时的效益进行比较，属于动态评估方法。前者的缺点是没有考虑项目的变化趋势，未能排除其他因素对项目的影响；后者的缺点是需要对无项目时的变化趋势进行预测，但这往往比较难。

通过项目后评估，可以验证该项目能否支持企业战略，可以检验项目立项评估的理论和方法是否合理，决策是否科学，从中借鉴成功的经验，吸取失败的教训，为今后同类项目的评估和决策提供参照和分析依据。

第二节　信息系统项目的质量管理

"质量、范围、成本和时间是构成项目成功的关键因素，质量管理是制订质量方针、目标和职责，并通过质量体系中的质量策划、控制、保证和连续的过程改进等一系列工作来实现质量目标而进行的管理性质的活动。"[1] 质量管理是项目管理的主要内容，任何其他要素（如进度、成本）的管理都要与质量管理相协调。信息系统项目的质量管理是围绕项目质量所进行的规划、组织、实施、检查和监督、协调、控制等所有管理活动的总和，目的是使信息系统项目中所有的活动都能够按照既定的质量及目标要求得以实施。

一、信息系统项目质量管理的内容

IT 项目的质量管理可以分解为确定质量目标、制订质量规划、实施质量保证、进行质量监控 4 个方面的内容。

(一) 确定质量目标

1. 信息系统项目质量的特性

软件质量是与软件产品满足明确或隐含需求的能力有关的特征和特性的总和。从不同的角度去观察信息系统质量会有不同的理解。例如，用户主要感兴趣的是如何使用系统、系统性能和使用系统的效果，或是否具有所需要的功能、可靠程度如何、效率如何、使用是否方便、环境开放的程度如何（对环境、平台的限制，与其他软件连接的限制等）。而开发者负责生产出满足质量要求的信息系统，所以他们特别关注满足某个功能的中间产品及最终产品的质量。同时对于项目管理者来说，要注重总的质量，而不是某一特性。为此，要根据实际要求对各个特性质量重要程度赋予权值，同时运用有限的资源和时间使软件质量达到优化目的。

一个信息系统质量特性可被细化成以下 6 个子特性：

（1）正确性。所制作的功能达到设计规范并满足使用者需求的程度。

（2）可靠性。在规定的时间和条件下，能维持其性能水准的程度。

（3）易使用性。使用者学习、操作、准备输入、理解输出所做努力的程度。

（4）效率。系统执行某项功能所需计算机资源的有效程度。

① 秦真柱. 浅谈企业信息系统项目的质量管理 [J]. 科技创新与应用，2015（30）：269.

（5）可维护性。当环境改变或系统发生错误时，执行修改所做努力的程度。

（6）可移植性。从一个计算机系统或环境移到另一个计算机系统或环境的容易程度。

2. 信息系统项目的质量目标

为实现信息系统项目的质量特征要求，需要制订相应的质量目标，它并不是简单地指系统交付使用时在测试阶段发现问题的解决情况，而更多关注的是用户开始使用后的系统表现。用户在使用时系统产生的各种质量问题，在项目完成时无法马上得到数据和进行验证，所以一般是通过间接控制的方式，即根据以往项目经验估计各个质量指标的取值作为目标值，而实际值与目标值的差异是进行质量评价和控制的基础。由于实际值不可能完全与目标值相等，所以需要设定控制范围。实际值的变动在控制范围以内，即可认为达到了质量目标要求。

此外，信息系统质量目标可以表示为与系统缺陷相关的若干指标，由于一个项目版本的总缺陷数量应该是一定的，只是在交付后发现还是在交付前发现。如果能够在交付前发现并得以修正，就可以认为项目质量高。因此，可以将信息系统项目不同阶段发现的缺陷数作为质量目标，并根据实际值与目标值的差异是否在控制范围之内来判断是否满足质量目标的要求。在这种质量目标中，高质量目标，就意味着在审查和测试阶段缺陷目标值大，即尽可能多地在这些阶段发现漏洞和缺陷并加以修正，那么，在用户正式使用时系统暴露的缺陷就会减少。

质量目标在项目的各个阶段都有重要作用。

首先，质量目标在确定后将直接影响估算的工作量分布，因此，在制订信息系统项目计划时一定是先制订出项目的质量目标，再根据质量目标去指导和约束进度、成本的估算过程。

其次，质量目标预计出来的数据在项目执行和跟踪过程中也有作用，当出现较大偏差时要及时分析原因和采用相关的应对措施。这是进行质量控制的基础。

最后，项目质量指标体系一定要具备完整性、科学性与合理性，项目实施各相关主体应该事先进行讨论与沟通，以保证其完整、无漏洞，又具备较强的可实施性。

3.用户对质量目标的影响

用户对系统的需求是信息系统质量度量的基础，换言之与用户需求不符就是质量不高的信息系统。而用户对系统的需求是与用户方的目标、定位、特征密不可分的，下面将从用户方的角度，讨论信息系统质量目标的确定。

（1）质量目标的确定需要与用户方的经营理念保持一致。经营理念为信息系统项目质量目标提供了制订和评审的框架，首先要理解用户方的经营理念方针，尤其是质量方针，从而获得项目质量目标。如果用户方的经营方针是"开拓创新"，即企业依靠在一定时期内开发更多的新产品获得竞争优势，则项目质量目标可能侧重于对工作效率和项目进度的评价；若企业方针是"顾客满意"，则追求的是顾客投诉率应控制在多少，那么项目质量目标应着重于缺陷管理。

（2）质量目标的确定需要与信息系统在用户方中的重要程度密切联系。质量目标的实现需要花费相应的质量成本，并伴随着时间的消耗。因此，应追求最好的质量目标，而不是最高的质量目标，才更加能满足用户的需求。所谓最好的质量目标，是指根据信息系统对于企业的重要程度，即系统的性能在多大程度上会影响到用户的经营效率、核心竞争力等，设定所对应的质量目标。

（3）质量目标的确定需要与用户方的管理水平相适应。例如，如果用户方已经建立了质量管理体系，那么可以在用户的质量管理过程中发现问题，从而提出信息系统项目所对应的质量目标。同时，质量目标要具有前瞻性，在关注用户的现状时，也要充分考虑用户的发展及用户所服务顾客和相关方的需求和期望，考虑各方的要求是否得到满足及满足的程度。

（二）制订质量规划

项目质量目标确认后，还要进一步地确认项目的质量规划，质量规划就是为了达到上述的质量目标，分析应采用怎样的方法或手段，并最终形成质量计划的过程。例如，在某信息系统的质量目标中，设定在系统评审阶段需要发现100个缺陷，而项目组的实际能力决定了采用单人评审根本做不到发现这么多缺陷，这时就需确定要采用哪些其他的审查方式及相应比例，作为质量计划的一部分。

1. 项目质量规划的内容

质量规划是质量管理的一部分，致力于制订质量目标并规定必要的允许过程和相关资源，以实现质量目标。可见，质量规划是围绕项目质量目标所进行的各种活动，包括为达到质量目标应采取的措施，必要的作业活动；应提供的必要条件，如人员、设备等资源条件；应设定的项目参与部门、岗位的质量职责等。项目的质量管理是通过一系列的活动实现的，质量规划需要确定以下内容：

（1）对质量活动、环节加以识别和明确，建立项目质量活动流程。

（2）明确项目不同阶段的质量管理内容和重点。

（3）建立项目质量管理技术措施、组织措施。

（4）明确项目质量控制方法、质量评价方法。

（5）建立相应的组织机构，配备人力、材料、硬件、软件平台环节资源等。

在进行质量规划时，需要将项目质量总目标展开为各种具体的目标，分配至具体负责质量活动的部门及负责人，由他们对每项质量目标编制实施计划或实施方案。在计划书中，列出实现该项质量目标存在的问题、当前的状况、必须采取的措施、将要达到的目标、什么时间完成、谁负责执行等。通过质量规划，将质量目标分解落实到各职能部门和各级人员，使质量目标更具有操作性，从而使质量目标的实现步骤一目了然，以确保其完成。

2. 质量规划的方法

（1）将质量规划的过程视为信息系统项目持续改进的过程。质量问题往往是在项目进展过程中不断暴露的，质量改进的过程实际上就是在按照计划执行与跟踪的过程中进行问题的发现、纠正和预防的过程。通过问题发现（管理者、项目经理、软件工程师等将自己工作中所发现的错误随时记录下来）、收集和整理问题（按照质量指标进行分类统计整理）、分析问题（问题原因、责任分析）、排列问题重要性、提出解决措施（纠正措施或预防措施）、在部分区域演练、全面推广，这样一个自反馈系统就成为质量过程改进的一个系统化的方法。

（2）运用统计与度量技术，即将统计方法用于质量规划。体现统计和度量理论的一些基本方法包括头脑风暴法、帕累托分析、因果图等方法。在团队中使用头脑风暴法，集思广益，找到尽可能多的质量问题和影响质量的原因，然后利用因果图对原因进行系统整理、归类，将因果关系用箭头连接起来，用来表示质量波动特性与其潜在原因的关系。而帕累托分析则用来识别消耗了最多成本的少部分质量因素的统计分析方法。

（3）知识管理工具和方法。在质量规划的过程中，项目团队会产生大量的有关质量问题的历史数据，可以称之为质量知识库。通过这些知识库可以引导员工自我培训，从而实现质量知识的高效积累和复用，很快地学到公司以前的经验知识，让错误不再重犯。

3. 质量规划的结果

项目质量规划的结果就是形成质量计划和质量技术文件。质量计划是对特定的项目，规定由谁、何时、完成哪些活动、使用哪些资源的一系列文件。其内容包括以下方面：

（1）项目总质量目标和具体目标。

（2）质量管理工作流程。

（3）在项目的各个阶段，职责、权限和资源的具体分配。

（4）项目实施中需采用的评审、测试大纲。

（5）随项目进展计划更改的程序。

质量技术文件包括保证项目质量的各方面技术支持，包括与项目质量有关的设计文件、研究文件等。

（三）实施质量保证

1. 质量保证与用户信任

质量保证（QA）是质量管理的一部分，致力于提供质量要求会得到满足的信任。就项目而言，不管用户是否明确提出质量保证要求，项目实施者都需要采取某些措施以保证项目的质量满足用户的要求。

如果信息系统项目较简单，其性能完全可由最终检验结果反映，则用户无须知道项目实施者在进行过程中如何进行质量保证和质量控制，只需要提出质量要求，并依据要求对项目进行质量验收。但随着技术的发展，信息系统项目所涉及的内涵越来越复杂，只靠最后的检验审查无法确认项目是否满足质量要求，用户此时就要求项目实施者证明项目分析设计、开发实施等各个环节的主要质量活动确实达到了规定要求，并提供必要的证据，这就是质量保证。

如今，质量保证已经不是单纯为了保证质量，而是进一步延伸到能够使用户信任了。为了达到此目标，项目实施者应完善项目质量体系，对项目有一套完整的质量保证体系和质量控制方案、办法，并贯彻执行，对实施过程及结果进行分阶段验证。在此基础上，项目实施方采取各种活动和措施，提供证据，使用户能够了解质量保证因素，包括项目组的实力、业绩、技术水平、管理水平，以及在项目各阶段主要质量控制活动和质量保证活动的有效性，从而使用户方建立信心。这种信心体现在：①用户方确信项目万无一失，如项目满足用户需求、项目正在正常进行等；②针对某些可能的故障或缺陷，用户方能够得到早期预警，从而可以降低损失。

2. 质量保证涉及的角色

信息系统项目的质量保证，是多角色的群体协同工作，其中有3个重要的角色：质量保证组、开发组及测试组，它们相互独立又相互联系的工作是项目质量保证的关键。质量保证组的工作就是要监督整个开发过程系统的质量问题。而对于开发组来说，关心的问题就是系统开发的具体细节问题，甚至细微到程序中的每一行代码所完成的功能。对测试组来说，就是要找出系统中存在的尽可能多的错误。从某种意义上来说，错误发现得越多，则系统的质量就在原来的基础上提高越大。

在信息系统项目的进行过程中，各种角色人员之间的联系是相当密切的。如在系统开发阶段，开发组所开发出来的代码单元必须经过软件测试组进行测试，而测试组的测试结果又必须被软件质量保证组所监督。所以，质量保证并不能够完全由项目的某个功能小组来决定，而是所有人互相配合、协调一致，共同努力的结果。

3. 质量保证和质量控制

质量保证需要监控信息系统项目组质量保证体系的运行状况、审计项目的实际执行情况和质量保证规范之间的差异，并出具改进建议和统计分析报告，对项目的质量保证体系的执行质量负责。而质量控制（QC）则是对每个阶段或者关键活动的产出物（模块、文件等）进行检测，评估产出物是否符合预计的质量要求，对产出物的质量负责。如果将信息系统项目比喻成一条产品加工生产线，那么质量保证只负责生产线本身的质量保证，而不管生产线中单个产品的实际质量情况（这是质量控制的职责）。质量保证通过保证生产线的质量来间接保证软件产品的质量。

（四）进行质量监控

质量管理的实现，需要进行项目质量监督控制，即在项目执行过程中收集质量信息，监控项目的实际运行，收集并针对实际质量与既定质量标准的差异数据，进行分析，采取合理纠正措施，以确保项目质量目标的实现。

1. 质量监控的工作

（1）收集项目实施过程中的相关信息，观察、分析项目实施进程中的实际情况以便监控。获取信息的途径包括：项目进度报告、项目例会、里程碑会议、各种会议纪要等正式的渠道，也包括与项目成员或最终用户进行交谈与讨论、成员笔记心得、与企业管理层进行非正式的交流等非正式渠道。在这个环节上，要根据项目质量目标的要求，全面、客观地跟踪与反映项目实施的实际情况。

（2）把项目实施过程中的实际表现与项目质量目标要求进行比较，分析出差异，回答"项目质量进展如何""如果发生了与质量计划偏离的情况，是如何造成的""哪个质量环节的工作出现偏差，由谁负责"等。通过对项目实际达到的质量指标进行综合分析，客观评价项目质量状况，寻求导致差异的因素或条件限制，从而可以根据需要采取有效措施来保证后续的项目质量按照既定的轨道运行。

（3）根据具体情况采取合理的纠正措施。经过比较与分析，如果发现偏差，就要采取适当的措施进行纠正。可供选用的纠正措施包括重新制订项目质量计划、重新确认项目质量活动、重新分配项目质量管理所需资源、调整项目质量管理组织形式等。一般而言，纠偏措施的选择和执行，需要质量管理人员根据以往案例做出经验判断，并在满足用户需求的前提下，注意与进度管理、成本管理、风险管理等方面的协调。

2. 质量监控的方法

质量监控的依据是所收集的质量信息和数据，这些信息可能体现项目实际的质量状况，如需求阶段的缺陷数量；也可能体现某一质量目标不能达到的原因，如采用了效率较低的测试方法；还可能反映项目质量水平与既定目标的差距，以及差距的范围等。在质量监控活动中，对信息数据的获取、分析和处理，有很多不同的方法。以下研究两种在信息系统项目监控中常用的方法：因果分析图法和控制图法。

（1）因果分析图法。因果分析图法，又称树枝图、鱼刺图。该方法首先需确定要解决的质量问题（如质量成本超支50%）；其次将影响项目质量的众多原因进行分析整理，先确定影响此问题的大原因（如人工、软/硬件平台、环境条件等）；再次将原因逐级分层，从大到小、从粗到细，直至确定能采取有效措施的原因（如新人多等）为止，最终得到形状似"鱼刺"的因果图。需要注意的是，在分析了影响质量的因素之后，需要针对这些因素有的放矢地制订对策，落实到具体的时间、责任人，以切实实现质量监控。

（2）控制图。控制图是根据时间推移对项目运行结果的一种图表展示，常用于判断项目是否"在控制中进行"，即用来区分项目质量波动是属于由偶然因素引起的正常波动还是异常波动。项目质量出现偏差，如果在控制之中时，则不必对它进行调整，但需要注意偏差发展的趋势，查明原因，采取措施，使之稳定下来。

3. 项目阶段的质量监控

（1）需求调研阶段。如前面所述，用户需求是制订质量目标的依据。然而因为人们之间存在着表达和理解上的偏差，会给质量管理带来人为的困难。因此，在描述需求的语言上就应该注意尽量避免歧义的产生。例如，利用统一建模语言（UML）工具、建立术语表，这样可以减少一些自然语言引起的歧义。另外，保证用户需求质量的一个很重要的因素就是需求是否细化，只有被细化的需求才能转换为质量管理的目标要求。细化的粒度很难有绝对的标准，但一般用是否可以写出相应的测试用例作为检验需求粒度的依据。如果写不出针对某一需求的测试用例，就说明需求还不是很细，还需要再进行细化。

（2）分析设计阶段。信息系统的分析设计在信息系统项目生命期中占有很重要的位置，在这个阶段的质量监控，涉及用户、项目管理人员、程序员、测试员、维护人员等不同的角色，以及他们对分析设计的不同要求。例如，针对用户，此阶段的质量监控需要考虑对需求的覆盖程度；对于程序员，质量监控包含所设计的模块是否清晰，"类"（面向对象程序设计中的一种数据结构）的功能是否单一等；对于维护人员，质量监控要考虑系统的扩展性、可维护性。一个高质量的信息系统，应该最大限度地考虑并满足不同角色的不同要求。

（3）编码阶段。在编码阶段进行质量控制的重点之一是监控代码的可读性及规范性。可读性不一定是简单的代码，而是容易理解的代码，因为过于复杂的代码难以测试和维护，同时出错的概率也会更高。由于软件开发是长时间的多人协作工作，规范性代码无疑对于提高总体工作质量及效率是非常有用的。在编码阶段一个非常重要的质量监控手段就是测试，通过统计测试代码所产生的信息系统缺陷情况，包括缺陷数量、严重等级分布、缺陷曲线的变化等，进而评估编码质量。

二、信息系统项目质量的管理方式

信息系统项目质量管理有多种方式，从信息系统项目质量管理的承担主体来看，既可以由项目实施主体来承担，也可以选择外包。信息系统项目实施方（通常为项目设计开发方）和被实施方（通常为项目用户方）可以成为项目质量管理的主体，分别或者共同对项目实施质量进行管理。此外，还可以根据需要与企业资金实力情况，决定是否选用专业的第三方项目监理或审计，协助对项目实施质量进行管理。这些构成了信息系统项目质量管理的主要方式。

无论采取何种方式，信息系统项目的被实施方都应该作为主体之一，为项目质量规划确立明确的方向，对项目质量承担根本责任。另外，由于整个项目质量管理过程往往可能涉及两方、三方甚至更多相关方的参与者，在整个项目的组织架构中，还要明确建立对项目质量管理负责的团队及其相关的工作流程，从组织方面为项目质量管理做好准备。

(一) 项目内部质量管理组织

信息系统项目内部质量管理组织结构，按照是否有专门的质量管理部门，可划分为两类：项目型结构和矩阵型结构。

1. 项目型结构

在项目型结构中，没有专门的质量管理部门，以项目作为质量管理的单位。各个项目设立自己的质量管理岗位（如质量保证 QA、质量控制 QC），位于高层领导之下，独立于项目组。质量管理人员（简称质管人员）直接对高层领导负责，但业务上需要向项目经理汇报，属于项目成员。这种组织结构的优点是完全融入项目组的质量管理人员，易于发现实质性的问题，解决问题也较快捷；缺点是各项目之间的质量管理经验缺乏交流和共享，还可能出现对质量管理过程、方法和工具的重复性投资。在这种组织结构下，由于项目经理通常专注于系统设计开发等业务的发展，忽略质量管理，因此质量管理人员的职业发展容易受到忽视，难以接受到应有的培训和提升。

2. 矩阵型结构

在矩阵结构中，有专门设立的质量管理部门，与各项目组平级。质管人员行政上向质量管理经理（简称质管经理）负责，业务上向项目经理汇报。在这种组织结构中，由质管经理对 QA 或 QC 进行考评和授权，有利于保证质量管理的独立性和评价的客观性，也有利于质管人员的职业发展。同时，质量管理流程、知识、资源在专门的质量管理部门中可以得到更好的建设和改进，为所有项目所共享，可按照项目优先级动态调配，资源利用更充分，但也可能出现资源竞争冲突。此外，在矩阵结构中，质量管理难于融入项目组，发现的问题无法得到及时、有效的解决。

在信息系统项目中，不管采用什么样的质量管理组织结构，质量管理绝对不只是质管人员、部门的事情，以质量为核心的企业文化将成为决定企业兴衰的关键因素。质量不依赖于某个或某几个质量管理高手，而是依赖于整个过程。项目经理、QA、QC、高层领导、程序员、设计人员、系统分析员等都会发现问题，都具有质量管理的职责，并能起到质量管理的作用。对信息系统项目而言，好的过程是好产品的必备条件，因此，质量管理要渗透到每个项目成员的日常工作中。首先，建立质量责任制，将质量职能分配到信息系统项目的各有关小组，成为该小组的质量目标或责任；其次，需要把小组的质量目标进一步展开成若干项具体的工作和要求，再落实到各活动及人员，成为个人或岗位的质量责任；最后，将各小组和岗位的质量责任制和管理标准纳入项目质量体系。

(二) 项目的监理

项目监理是指监理机构依据项目质量、进度、成本等准则，对项目有关主体进行监督、检查和评价，并采取组织、协调、疏导等方式，促使项目更好地达到预期的目的。一般而言，监理方与委托方（为信息系统项目用户方）签订监理合同，完成监理计划，代表委托方履行监理职责，对项目进展的各个环节、各个有关方面进行客观、有效的监督和评价。

监理合同签订开始到最后系统试运行结束，监理方工作在职能上可以归结为两点：沟通与监督。沟通的目标是实现委托方与实施方信息对等，沟通的手段是定期或不定期召开工作会议；监督的目标是在质量、进度和投资上进行控制，监督的手段主要是进行合同管理和文档管理。

1. 项目监理的类型

信息系统项目涵盖分析、开发、实施各个阶段，包括网络、软件、硬件等方面，并不是项目所有内容都需要进行质量监理。按照信息系统项目本身的特点，项目监理通常包括 3 类：硬件网络集成项目的监理、软件产品选型实施项目的监理、软件开发项目的监理。

（1）硬件网络集成项目，它主要是对信息系统硬件、网络进行集成建设，这类项目监理最主要的特点是，硬件网络集成项目的评测标准，即项目质量目标是非常明确、易于执行的。

（2）软件产品选型实施项目，这类项目，主要是面向各厂商开发出来的产品软件，选择出合适的软件产品，并根据用户需求进行实施，如企业资源规划（ERP）选型实施项目。这类项目监理的特点是涉及对用户需求的分析以及对软件应用的评测。对于前者，质量管理中的难点是对用户方商业背景和运作规律的了解，而对于软件评测，国家目前还没有相应的标准来控制。事实上，软件实施评测也不容易形成统一的标准，这些都给此类项目监理造成了一定的难度。

（3）软件开发型信息化项目。这类项目，主要是基于一定的硬件网络设施，由承建方根据用户方需求开发软件系统。由于信息系统开发工作是知识密集程度非常高的工作，在某种程度上，也是非常个性化的。目前对于软件开发项目的各种标准，多是针对软件开发过程的控制，如术语、文档等。因此，这类项目监理也有一定难度。

2.项目不同阶段的质量监理

由于信息系统项目的不同阶段具有不同特点，监理方在不同阶段的工作重心也有所不同，具体内容如下：

（1）招投标阶段。监理方主要工作是根据前期调研的工作结果，协助委托方编制招标文件，评标及保管合同及文档。其中评标工作主要考虑项目所需的技术（关键技术基础、平台、经验）、价格（核准价格组成、明晰价格与项目活动的关系）、交货期、信誉、售后服务等因素。

（2）总体规划阶段。监理方的主要任务是在实施方制订出项目计划后，对其项目计划审查，并修订前期制订的监理计划，明确监理目标、监理范围、组织机构、主要措施、工作制度等。

（3）需求分析阶段。监理方的工作主要包括对需求分析阶段各种文档的保管进行监督，对实施过程的访谈活动进行监督，对需求分析报告、原型演示系统的确认等，还包括当被实施方和实施方由于知识背景不同而在访谈过程中沟通不顺畅时，监理方应利用自身优势使得双方顺利地理解对方。

（4）概要设计阶段。监理方需要按一定标准评定实施方所提交的概要设计，这些标准包括确认该设计是否覆盖了所有已确定的软件需求；确认系统的接口和模块是否已明确定义；确认该设计在现有技术条件下和预算范围内是否能按时实现、是否存在风险；确认该设计的可行性，是否可以以此为基础顺利地进行后续编码工作；确认该设计是否考虑了方便未来的维护；确认该设计是否表现出良好的质量特征等。

（5）详细设计阶段。监理方在这个阶段主要是在进度上进行控制，主要手段是定期与实施方沟通，检查设计文档。

（6）编码及测试阶段。一般来说，监理方依据结构化程序设计原则来进行编码工作的监理，根据测试原则（如持续测试、全面测试等），对实施方的测试及形成的相应文档进行监督。

（7）系统试运行阶段。监理方在这个阶段的主要工作包括审核文档资料的完整性、可读性及其与工程实际的一致性；审核操作系统、应用系统等软件配置与设计方案的符合性；检测验证系统功能性能与合同的符合性；检查人员培训计划的落实情况；出具验收报告；帮助用户制订系统运行管理规章制度；在保修期内定期或不定期地对项目进行质量检查、督促实施方按合同要求进行维护等。

3. 监理合同的内容

信息系统项目的监理工作需要监理合同进行保障，一般而言，监理合同的内容包括以下方面：

（1）项目监理原则。例如独立公正原则、负责制原则、回避原则、保密原则等。以保证在监理过程中，监理方与施工方没有利益关联和冲突，能够按照相关法律制度完成监理工作，出现相关问题可以找到责任承担方。

（2）监理关系。合同中需要明确监理方与项目各方之间的关系，包括业主、系统提供商、分系统承建商等。

（3）监理工作范围。确立监理工作涉及的具体系统硬件配置和软件模块，以及相应的工作阶段，如某个子系统的招标、设计、实施、验收等环节。

（4）监理工作依据。依据所监理的信息系统项目的特点，列出监理工作的依据，包括相关的国际和国家法规、制度、标准，涉及开发、网络质量、安全体系结构等各方面。

（5）监理人员组成。依据项目所涉及的不同技术支持和业务领域，监理组应配备相关的技术人员及任务小组，并设计组织结构，方便各成员之间的沟通。进一步，应明确各监理人员的职责范围。

（6）监理工作方法及流程。明确在项目各个阶段中具体的监理工作内容和要求，制订各项工作制度，涵盖沟通、质量检查、控制等各方面工作，并设计具体的监理工作流程。

（三）项目的审计

信息系统审计指的是，对一个信息系统的运行状况进行检查与评价，以判断信息系统是否能够保证资产的安全、数据的完整及有效率利用组织的资源，并有效果地实现组织目标的过程。信息系统项目的审计是在对整个信息系统项目的可靠性、安全性、经济性进行了解的基础上所做出的评价，是一项通过审查评价信息系统的规划、开发、实施、运行和维护等一系列活动，以及组织内外环境条件，来确定信息系统项目运行是否经济、可靠、安全、有效，系统功能、数据是否可靠准确等的过程。

1. 项目审计的内容

信息系统项目审计的内容包括以下方面：

（1）评价组织是否拥有适当的结构、政策、工作职责、运营管理机制和监督实务，以达到信息系统项目方面的要求。

（2）评价组织在软件技术与硬件基础设施的管理和实施方面的有效性及效率，以确保其充分支持组织的商业目标。

（3）在系统建设生命期中，对应用系统的开发、获得、实施与维护方面所采用的方法和流程进行评价，以确保其满足组织的业务目标。

（4）评价信息系统是否可确保提供所要求的等级、类别的服务。

（5）通过适当的安全体系（如安全政策、标准和控制），保证信息资产的机密性、完整性和有效性，防止信息资产在未经授权的情况下被使用、披露、修改、损坏或丢失。

（6）建立灾难恢复和业务连续性计划，确保一旦信息系统被中断（或破坏），对业务影响最小化。

（7）评估组织业务处理流程，确保根据组织的业务目标对相应风险实施管理等。

2. 项目审计的特征

从信息系统项目审计的上述定义和内容，大致归纳出信息系统审计的以下特征：

（1）独立性，为了确保公正性与有效性，项目审计独立于项目组织之外，其工作不受项目管理人员制约，审计人员与项目无任何直接的行政或经济关系，可以以第三方的客观立场进行检查与评价。

（2）综合性，信息系统审计不仅包括审计信息系统项目的有形设施、资源，还包括运行环境及项目内部控制。

（3）管理特征，信息系统审计通过对信息系统安全性、可靠性与有效性的评价，促使项目实施双方有效地利用组织的资源，实现组织的目标。

3. 项目审计的过程

信息系统项目审计的过程主要包括以下步骤：

（1）确定审计依据，制订审计计划。信息系统审计的依据主要包括通用的信息系统审计准则和标准体系、项目控制目标、委托方的系统需求和业务规定、其他法律及规定。按照这些依据的要求，审计方确定审计工作的步骤与技术，制订信息系统审计总体计划。

（2）审计准备。信息系统项目审计的准备主要包括收集项目背景信息，即被审计方的组织结构、内部控制制度、系统流程等，估计完成审计需要的资源，所使用的方法，合理进行人员分工，确定审计范围和需要重点关注的内容并制订日程，选择适当的审计方法，以保证审计工作的顺利实施。

（3）审计实施。根据标准和相关准则，按照信息系统项目所进行某项具体的活动（如分析、开发等），或某个具体的目标（如风险、成本等）实施审计。针对所审计的问题和目标，可以提交以下报告：

第一，针对项目中某一问题的专题分析报告，提出紧急改进方案或一般改进方案。例如，审计方发现在项目管理的流程中，并没有涉及质量目标属性，也没有支持质量管理的组织结构，需提交相应报告，并提出改进方案。

第二，阶段性报告，在每个里程碑结束后，提交阶段性审计报告。例如，在项目完成系统详细设计之后，审计方需要对该阶段的各项活动是否按计划展开、是否满足既定需求、是否超过既定资源等进行审查评价。

第三，综合审计报告，在项目结束后提交，需要综合分析评价整个项目的质量、流程、范围、进度、成本、资源、风险、沟通等各方面的审计要点和结果。

（4）审计结束。在审计完成后，需要向委托方的高层领导交流审计结果，提出改进建议。这将加强高层领导对审计进一步的理解，增加审计建议的被接纳程度，也提供给被审计者一个表达观点的机会。

4. 项目审计的作用

（1）通过在项目进行过程中的审计，可以及时发现不合理的经济活动，并能提出相应的改正建议，促使项目管理人员最大限度地实现对人、财、物使用的综合优化，从而尽可能降低项目造价，提高项目收益。

（2）通过审计，可以促进制订正确和可行的决策。项目审计可以对项目决策是否遵循了科学的程序、决策依据是否充分、方案是否经过了优选等做出正确的评价，从而避免或终止错误的决策。这对防止盲目投资和建设决策中的重大失误非常重要。

（3）通过审计，可以提高系统的可靠性，通过审计项目的各项活动，提高信息系统的最终品质，尽早发现设计缺陷、程序错误。

（4）通过审计，可以提高信息系统安全性，包括预防故障发生，当故障出现时可以把故障影响控制到最小，同时可有限地防止数据的外泄、破坏或修改、非法入侵等情况的发生。

（5）通过审计，可以提高信息系统效率，在信息系统使用阶段，审计从信息系统的资源是否最大限度地被利用的角度进行核查、评价，提高信息系统产出效率。

（6）通过审计，可以揭露错误和舞弊，制止违法违纪行为，维护投资者的权益。

（7）通过审计，可以交流经验，吸取教训，提高项目管理水平。任何时期的项目审计都会收获经验和暴露问题，这些经验和问题会帮助项目经理及企业高层管理部门改善管理状况，避免或减少再次出现类似的错误。

（8）通过审计，可以激发项目管理人员的积极性和创造性。在审计过程中，通过对管理和建设现状的评价，奖优惩劣，从而激励项目管理人员恪尽职守，努力工作。

第三节　信息系统项目管理中计算机数据库技术的应用

在当今的社会中，计算机技术已然成为人们生活中必不可少的一个工具，其强大的计算能力，能帮助人们快速地统计数据，从而使人们的工作效率得以提高。在信息系统项目管理中，计算机数据库技术亦可以使个人或者企业提高管理数据信息的效率，使其在日常工作中的效率得到提高。信息系统项目管理工作中引进计算机数据库技术，不但可以促使数据信息的管理工作趋于合理化、科学化与高效化方向发展，而且还能提高数据信息管理的安全性。

一、计算机数据库技术的特征

(一) 结构性与共享性

在当今信息化时代，计算机数据库技术作为信息管理的重要手段，其特征日益受到广泛关注，特别是在结构性与共享性方面，这些特性不仅体现了数据库技术的核心价值，而且对于信息处理的效率和质量产生了深远影响。

首先，结构性的特征是计算机数据库技术的本质属性之一。数据库中的数据并非孤立存在，而是通过特定的数据模型和组织方式，形成了一个结构化的整体。这种结构化不仅保证了数据的一致性和完整性，而且为数据的有效管理和高效查询提供了基础。例如，在关系型数据库中，数据以表格的形式存储，通过主键和外键等机制，实现了数据间的关联和约束，从而确保了数据的逻辑一致性和准确性。此外，结构化还体现在数据的标准化和规范化上，如数据类型的定义、字段长度的限制等，这些都有助于提高数据处理的准确性和效率。

其次，共享性是计算机数据库技术的另一重要特征。在现代信息社会中，数据资源的共享对于提高工作效率和促进信息流通具有重要意义。数据库技术的共享性体现在多个层面：一是数据本身的可访问性，即多个用户或应用程序可以同时访问数据库中的数据；二是数据的一致性和并发控制，即使在多用户环境下，也能保证数据的一致性和完整性；三是数据的分布式处理，即数据可以分布在不同的地理位置，通过网络进行访问和处理。这种共享性不仅提高了数据的利用效率，而且为跨部门、跨区域甚至跨国界的协作提供了可能。

最后，结构性与共享性的结合，使得计算机数据库技术在信息管理中发挥着至关重要的作用。在结构性的基础上，共享性得以实现，数据的整合和利用效率得以提升。例如，在一个企业中，通过建立中央数据库，各部门可以共享客户信息、产品信息等，从而避免了数据冗余，提高了工作效率。同时，结构化数据为数据分析和决策支持提供了便利，如通过数据挖掘技术，可以从大量结构化数据中发现潜在的模式和趋势，为企业决策提供支持。然而，计算机数据库技术的结构性与共享性也带来了一定的挑战。例如，在数据共享的过程中，如何保证数据的安全性和隐私性成为一个重要问题。此外，随着数据量的不断增长，如何优化数据库结构，提高数据访问效率，也是数据库技术需要解决的问题。

（二）灵活性与独立性

计算机数据库技术的特征除了结构性与共享性之外，灵活性与独立性也是不可或缺的两个维度。这些特征共同塑造了数据库技术在信息管理领域的核心地位，为数据处理和分析提供了强大支撑。

1. 灵活性

灵活性是计算机数据库技术的重要特征之一。这种灵活性体现在多个层面：①数据模型的多样性。数据库技术支持多种数据模型，如层次模型、网状模型、关系模型等，不同的数据模型适用于不同的应用场景，为用户提供了灵活的选择。②数据操作的灵活性。数据库技术提供了丰富的数据操作语言，如 SQL（结构化查询语言），用户可以通过这些语言进行复杂的数据查询、更新和删除操作。③数据维护的灵活性。数据库技术支持在线数据维护，即在数据库运行过程中，可以对其进行修改和维护而不需要停机，这大大提高了系统的可用性。

此外，数据库技术的灵活性还体现在其对数据变化的适应性上。在现实应用中，数据往往不是静态的，而是随着时间和业务的发展而变化。数据库技术可以有效地管理和存储这些动态数据，并在数据出现错误时，能够及时进行纠正，保证数据的准确性和一致性。例如，数据库中的事务处理机制，可以确保一组数据库操作要么全部成功，要么全部失败，从而保证了数据的一致性。

2. 独立性

独立性是计算机数据库技术的另一个关键特征。这种独立性主要体现在两个方面：①数据的物理独立性。数据库中的数据存储在物理介质上，如硬盘、光盘等，而数据库管理系统（DBMS）提供了数据存储的抽象层，使得应用程序和用户不需要关心数据的物理存储细节，从而实现了数据存储和应用程序的分离。②数据的逻辑独立性。数据库的逻辑结构，如表格、视图等，与数据的物理存储方式是分离的，即使数据的物理存储方式发生变化，也不会影响到数据库的逻辑结构和应用程序，这就为数据库的维护和升级提供了极大的便利。

数据库技术的独立性，对于提高数据管理的灵活性和可扩展性具有重要意义。例如，在企业的信息系统中，随着业务的发展，可能需要对数据库进行升级或迁移，如果数据库具有较高的独立性，这些操作就可以在不影响现有应用程序的情况下进行，从而大大降低了系统升级的复杂性和成本。

二、信息系统项目管理中数据库技术的应用策略

(一) 提高数据库的安全性

在信息系统项目管理中，许多重要的数据信息都存储在计算机数据库中，这些信息关乎着个人与企业的发展，计算机数据库的安全性尤为重要。不仅是企业，有部分科研单位也将许多具有重要科研价值与实践价值的科研资料与信息都存储在计算机数据库中。若数据库中的数据外流或被破坏，对于个人和企业、单位而言后果都不堪设想。因此，需要提升应用计算机数据库技术时的安全性，继而不断提升信息管理过程中的稳定性与可靠性，如此才能避免一些不法分子对计算机数据库中的信息进行篡改、破坏以及窃取，进而才能保证重要数据信息的安全存储。

为了确保计算机数据库的安全性和稳定性，采取一系列的防护措施是至关重要的。这些措施不仅能够防止外部威胁，如黑客攻击和病毒感染，还能保护数据免受内部不当操作的损害。

首先，安装并维护高效可靠的防火墙是确保数据库安全的关键步骤。防火墙可以监控进出网络的数据流，从而有效防止黑客的入侵尝试和病毒的传播。通过配置合适的防火墙规则可以限制对数据库的访问，只允许经过授权的连接。此外，定期的防火墙更新和检查是必要的，以确保其能够应对不断演变的安全威胁。

其次，计算机系统应安装先进的病毒查杀软件，并保持其最新状态。这种软件不仅可以实时监控和查杀病毒，还可以提供主动防护，防止病毒感染。定期进行全系统病毒扫描，以及及时更新病毒数据库，是确保数据库安

全的重要措施。此外，教育用户识别潜在的安全威胁，如可疑的电子邮件附件或链接，也是预防病毒感染的重要环节。

最后，设置严格的登录权限和身份验证机制是保护数据库的关键措施。这包括实施强密码政策，要求用户使用复杂且难以猜测的密码并定期更换。此外，可以采用多因素身份验证，如结合密码和生物识别技术，以增加安全性。对于不同级别的用户，应实施权限分级，确保他们只能访问其工作所需的数据和功能。这样，即使有不法分子试图侵入数据库，也会因为缺乏相应权限而无法得逞。

(二) 完善计算机数据库的功能

信息系统项目管理中，若想保证计算机数据库技术得到有效应用，则需要完善计算机数据库的功能，并构建出一个系统化、科学化、完整化的信息系统项目管理模式，使得人们可以在此模式之下，提高提取、储存、查找以及修改数据信息的效率。而想要计算机数据库技术趋于完整化，就需要完善计算机数据库的信息录入与检索功能。在信息录入的功能上，数据库技术需要增强录入以及识别信息的功能，如此即可在录入信息时，错误且不合法的数据信息将被自动删除，继而有效确保了信息录入的正确性。数据库技术需要完善信息检索的功能，使人们可以通过完善的检索功能，快速、准确地查找出所需的数据信息。

(三) 优化数据库设计与管理

数据库的设计与管理是信息系统项目管理的核心环节之一。一个优秀的数据库设计不仅能够提高数据存储和查询的效率，还能够确保数据的准确性和完整性。

首先，需要采用标准化的数据库设计原则，确保数据结构的清晰和规范。通过合理的字段选择、数据类型定义和关系建模，减少数据冗余和不一致性，提高数据的可维护性和可扩展性。

其次，性能调优是数据库管理的重要任务之一。通过优化查询语句、建立合适的索引、采用分区技术等手段，提高数据库的查询速度和处理能力，确保系统在高并发场景下能够稳定运行。

最后，备份与恢复机制也是数据库管理不可或缺的一部分。定期备份数据并建立快速恢复数据的流程，可以在数据丢失或系统故障时迅速恢复业务，保障企业的正常运营。

(四) 加强数据质量控制

数据质量是信息系统项目管理的关键要素之一。准确、完整的数据对于企业的决策和运营至关重要。因此，加强数据质量控制是信息系统项目管理中不可或缺的一环。

首先，数据清洗是提升数据质量的重要手段。在项目实施过程中，需要定期清理无效、重复或错误的数据，确保数据库中存储的数据都是准确、有价值的。

其次，数据校验是保障数据质量的关键环节。在数据录入和处理过程中，应采用校验算法和规则，对输入的数据进行验证和筛选，确保数据的完整性和准确性。

最后，建立数据质量监控体系也是加强数据质量控制的有效方式。通过实时监控数据质量情况，及时发现并处理数据问题，确保数据的准确性和可靠性。

在实际操作中，数据质量控制还需要结合具体的业务场景和需求。例如，对于金融行业的信息系统项目，数据质量控制应更加注重数据的准确性和安全性，避免因为数据错误或泄露而带来严重的经济损失和法律风险。而对于电商行业的信息系统项目，数据质量控制则更需要关注数据的完整性和一致性，确保用户信息的准确性和订单数据的完整性。因此，在信息系统项目管理中，需要根据项目的实际情况和需求制定相应的数据质量控制策略，并严格执行。

(五) 实现数据共享与整合

在信息化时代，数据已经成为企业发展的重要资产。实现数据共享与整合，不仅可以提高数据的利用价值，还可以促进企业内部各部门之间的协同合作。

首先，数据标准化是实现数据共享与整合的基础。通过制定统一的数据标准和规范，确保不同系统间数据的互通互认，减少数据转换和处理的成本。

其次，开发统一的数据接口是实现数据共享的关键环节。通过数据接口的开发，不同系统之间可以方便地进行数据交换和共享，打破信息孤岛，实现信息的互联互通。

最后，建立数据仓库也是实现数据整合的有效方式。数据仓库可以整合来自不同数据源的数据并进行统一的存储和管理，为企业的决策提供全面、准确的数据支持。

在实现数据共享与整合的过程中，还需要关注数据的安全性和隐私保护。通过采用数据加密、访问控制等技术手段，确保数据在共享和整合过程中的安全性。同时，还需要遵守相关法律法规和隐私政策，保护用户的隐私权益。

总之，计算机数据库技术不但可以提高企业与单位信息管理工作的效率与质量，还能为数据信息管理的安全保驾护航。为了使企业的管理工作更高效、科学化，其生产管理工作能有序进行，计算机数据库技术需要提供更有利的支撑。而要保证计算机数据库技术有效应用于信息系统项目管理工作中，计算机数据库技术的安全性与完整性仍需进一步完善，如此才能更好地为企业与单位服务。

第八章　现代信息技术驱动科技信息化建设

通过现代信息技术，科技信息化建设能够实现更高效的资源整合和管理，促进科研成果的共享和应用。信息技术的应用使科研过程更加数字化、智能化，加速了科技创新的步伐。在科技信息化建设中，现代信息技术如大数据、人工智能、区块链等的应用为科技研究提供了更加便捷的工具和方法，推动了科技信息化向智能化、数字化方向迈进。本章主要论述科技信息化建设及其重要性、现代信息技术与科技信息化的关系、现代信息技术在科技信息化中的应用。

第一节　科技信息化建设及其重要性

"随着我国经济的高速发展，在信息化建设的道路上取得了明显的成效，其中科技信息化是信息化的重要组成部分，但其建设的整体水平却并不高。"[①] 科技信息化建设是当今社会发展的必然趋势，也是推动社会进步和经济发展的重要引擎。

第一，科技信息化建设为各行各业提供了高效便捷的信息化工具和平台。通过信息化系统的建设和运用，企业可以实现生产、管理、销售等方面的信息化管理，提高生产效率和管理水平。同时，科技信息化也为企业提供了更广阔的市场和更高效的营销渠道，帮助企业实现更好的市场开拓和品牌推广。

第二，科技信息化建设有助于促进科学研究和技术创新。在科技领域，信息化技术为科学家和研究人员提供了强大的数据分析工具和计算平台，帮助他们更快速地进行科学研究和实验。通过信息化技术，科学家可以更加方

---

① 王贤满. 科技信息化建设的项目管理探讨 [J]. 大众科技，2013，15(5)：318.

便地获取、共享和利用科研数据，加速科技创新的步伐，推动科技进步和产业升级。

第三，科技信息化建设还对于提升国家综合竞争力和实现经济可持续发展具有重要意义。信息化技术已经成为国家竞争力的重要标志之一，科技信息化水平的高低直接影响着一个国家的国际竞争力和经济实力。发达国家普遍重视科技信息化建设，将其作为国家发展的战略重点，不断加大投入和政策支持，以推动科技创新、产业升级和经济发展。在全球化竞争的背景下，科技信息化建设已经成为各国实现经济可持续发展的必由之路。

第二节　现代信息技术与科技信息化的关系

一、信息技术管理为科技信息化提供基础

"信息技术的普及和应用极大程度地改变了传统的社会生产生活方式，其中经济领域也自然不会例外，以科技信息化的发展最为突出。"[①] 信息技术管理在科技信息化中扮演着关键角色，规范的流程和良好的系统架构，为科技信息化提供了可靠的基础设施和数据支持。信息技术管理涵盖了信息系统的规划、建设、运维和优化等方面，旨在确保信息技术的有效使用，提高组织的运作效率和竞争力。

第一，信息技术管理通过规范的流程确保信息系统的高效建设和运行。在信息系统的建设过程中，信息技术管理者需要进行详尽的需求分析和系统设计，确保系统能够满足用户的需求并具备良好的扩展性和可维护性。同时，信息技术管理者还需要建立规范的项目管理流程，确保项目能够按时、按质、按量地完成，并对项目进行全面的风险管理，防止项目过程中出现意外情况。在信息系统的运行过程中，信息技术管理者需要建立健全的运维管理流程，包括系统监控、故障排查、性能优化等，确保系统能够稳定可靠地运行。

第二，信息技术管理通过良好的系统架构为用户提供了可靠的基础设施和数据支持。在信息系统的建设过程中，信息技术管理者需要根据业务需

① 卢滢. 科技信息化与企业的创新发展 [J]. 科技资讯，2021，19(35)：131.

求和技术特点设计合适的系统架构，确保系统具备良好的可扩展性、安全性和可靠性。合理的系统架构不仅能够提高系统的性能和稳定性，还能够降低系统的维护成本和风险。在信息系统的运行过程中，信息技术管理者需要建立完善的数据管理和安全策略，确保数据的完整性、可用性和保密性，防止数据泄露和损坏，保障信息系统的正常运行。

第三，信息技术管理还通过技术标准和最佳实践指导确保信息系统的建设和运行。在信息系统的建设过程中，信息技术管理者需要遵循一系列的技术标准和最佳实践，确保系统建设符合行业标准和国家法律法规，提高系统的安全性和稳定性。在信息系统的运行过程中，信息技术管理者需要建立完善的变更管理和问题管理流程，确保系统的稳定性和安全性，及时处理系统中出现的问题和变更请求，最大程度地减少对业务的影响。

二、科技信息化推动信息技术管理的升级

科技信息化的实施在很大程度上推动了信息技术管理的升级，促使其不断创新，引入新的技术和方法，以满足业务的高效、智能和创新性要求。科技信息化的实施不仅要求信息技术管理者掌握传统的管理知识和技能，还需要他们具备适应新技术和新业务模式的能力，不断迭代和优化信息技术管理的理念、流程和工具，以应对不断变化的市场需求和技术挑战。

第一，科技信息化的实施推动了信息技术管理向智能化和自动化方向发展。随着人工智能、大数据、物联网等新技术的不断发展和应用，传统的信息技术管理已经无法满足业务的智能化和自动化要求。信息技术管理者需要引入先进的技术和方法，如自动化运维、智能监控、数据驱动决策等，提高信息技术管理的智能化水平，实现对信息系统和业务的实时监控、预测和优化，为企业提供更加智能、高效的信息技术支持。

第二，科技信息化的实施促使信息技术管理更加注重业务价值的创造和实现。传统的信息技术管理往往局限于维护系统稳定性和数据安全，缺乏对业务需求和价值的深入理解和把握。科技信息化的实施要求信息技术管理者与业务部门密切合作，深入了解业务需求和挑战，从业务价值的角度出发，优化信息技术管理的流程和服务，提高信息技术管理的质量和效益，为企业创造更多的价值和竞争优势。

第三，科技信息化的实施推动了信息技术管理向创新驱动发展。随着科技创新的加速和产业变革的深化，企业需要不断创新和变革以应对市场竞争和技术挑战。信息技术管理者需要积极引领和推动企业的科技创新，提供创新性的信息技术解决方案，支持企业的业务创新和转型升级。通过引入新的技术和方法，如云计算、区块链、人工智能等，信息技术管理者可以为企业提供更加灵活、智能、创新的信息技术服务，推动企业实现科技与业务的深度融合和双赢发展。

第三节　现代信息技术在科技信息化中的应用

一、人工智能技术在科技信息化中的应用

第一，人工智能技术在大数据分析领域发挥了重要作用。随着互联网的发展和信息化进程的加速，海量的数据不断产生和积累。人工智能技术通过建立机器学习、深度学习等模型，可以对这些数据进行快速、准确的分析和挖掘，发现其中蕴藏的规律和价值信息。

第二，人工智能技术在自然语言处理领域发挥了重要作用。自然语言处理是人工智能技术的一个重要分支，旨在使计算机系统能够理解和处理自然语言。人工智能技术可以通过建立自然语言处理模型，实现语音识别、语义理解、文本生成等功能，为用户提供更加智能化的交互体验。

第三，人工智能技术在智能推荐系统领域发挥了重要作用。智能推荐系统是一种基于用户兴趣和行为数据、利用机器学习和数据挖掘技术，为用户推荐个性化的信息或产品的系统。人工智能技术可以通过分析用户的历史行为数据和兴趣偏好，实现精准的个性化推荐，提高用户的满意度和使用体验。

二、云计算技术在科技信息化中的应用

第一，云计算技术在数据存储和处理方面发挥了重要作用。随着数据量的不断增加，传统的数据存储和处理方式已经无法满足需求。云计算技术通过提供弹性的存储和计算资源，使得用户可以根据需要动态调整资源规

模，实现高效的数据存储和处理。无论是个人用户、企业还是科研机构，都可以通过云计算平台快速搭建和管理数据存储系统，实现数据的安全备份、快速检索和实时分析。

第二，云计算技术在软件开发和应用部署方面发挥了重要作用。传统的软件开发和部署过程通常需要购买、安装和维护硬件设备，成本高昂且效率低下。云计算技术通过提供云端的开发环境和应用平台，使得开发人员可以快速构建和部署应用程序，无须关心底层的硬件设备和基础设施。企业可以通过云计算平台快速部署和调整应用系统，降低了软件开发和运维的成本，提高了业务的灵活性和响应速度。

第三，云计算技术在协作和共享方面发挥了重要作用。随着云计算技术的发展，用户可以通过云端平台实现跨地域、跨组织的协作和共享。无论是企业内部的团队协作还是跨组织的合作，都可以通过云计算平台实现实时的信息共享和协同工作，提高了团队的工作效率和协作效果。同时，云计算技术还为用户提供了各种在线协作工具，方便用户随时随地进行协作和交流。

三、物联网技术在科技信息化中的应用

第一，智慧城市建设是物联网技术的重要应用领域之一。通过物联网技术，城市各个领域的设备和系统可以实现互联互通，实现智能化的管理和运营。

第二，智能家居是物联网技术的又一重要应用领域。通过连接家庭中的各种智能设备，如智能灯具、智能家电、智能门锁等，用户可以通过手机或语音助手远程控制家居设备，实现智能化的生活体验。

第三，工业生产是物联网技术的另一个重要应用领域。工业物联网可以通过连接生产设备、传感器、物流系统等，实现生产过程的数字化和智能化。通过实时监测生产过程中的各项数据指标，如温度、湿度、压力等，企业可以及时发现并解决生产过程中的问题，提高生产效率和产品质量。

结束语

随着信息技术的不断进步，现代信息技术管理与创新应用已经成为推动社会发展的关键力量。本书深入探讨了大数据、云计算、物联网、人工智能、数字孪生以及信息系统项目管理等多个领域的最新发展和应用实践，揭示了信息技术管理与创新的深远影响。通过本书，可以认识到信息技术不仅仅是工具和手段，更是一种全新的思维方式和文化现象。它正在改变人们的工作方式、学习方式和生活方式，甚至影响着人们的认知结构和价值观念。信息技术管理与创新应用的核心，在于如何有效利用技术资源，优化业务流程，提高决策质量，增强组织的竞争力。

未来，信息技术将继续以前所未有的速度发展。新的技术，如量子计算、生物信息学、边缘计算等，将为信息技术管理与创新应用带来新的可能性和挑战。同时，随着技术的普及和应用，信息安全、隐私保护、伦理道德等问题也日益凸显，需要给予足够的重视和深入的思考。信息技术的浪潮已经到来，让我们携手并进，共同迎接一个更加智能、更加便捷、更加美好的未来。

参考文献

一、著作类

[1] 陈雪蓉.计算机网络技术及应用 [M].北京：高等教育出版社，2020.

[2] 高金锋，魏长宝.人工智能与计算机基础 [M].成都：电子科学技术大学出版社，2020.

[3] 顾德英，罗云林，马淑华.计算机控制技术 [M].北京：北京邮电大学出版社，2012.

[4] 郭斯羽.面向检测的图像处理技术 [M].长沙：湖南大学出版社，2015.

[5] 李德毅.人工智能导论 [M].北京：中国科学技术出版社，2018.

[6] 李国琛.数字孪生技术与应用 [M].长沙：湖南大学出版社，2020.

[7] 鹿晓丹.从物联网到人工智能 [M].杭州：浙江大学出版社，2020.

[8] 任友理.大数据技术与应用 [M].西安：西北工业大学出版社，2019.

[9] 王庆喜，陈小明，王丁磊.云计算导论 [M].北京：中国铁道出版社，2018.

[10] 章瑞编，李琪.云计算 [M].重庆：重庆大学出版社，2020.

[11] 陆剑峰，张浩，赵荣泳.数字孪生技术与工程实践：模型＋数据驱动的智能系统.北京：机械工业出版社，2022.

二、期刊类

[1] 曹玉娟.产业元宇宙：数实融合的变革形态与实践向度 [J].学习与探索，2023(5)：104-112.

[2] 陈川，陈岳飞，曾麟，等.数字孪生在智能制造领域的应用及研究

进展 [J]. 计量科学与技术, 2020(12): 23.

[3] 仇保兴, 陈蒙. 数字孪生城市及其应用 [J]. 城市发展研究, 2022 (11): 2.

[4] 段炳德, 胡豫陇. 充分发挥"算法 +"在推动数实融合中的关键作用 [J]. 重庆理工大学学报, 2023, 37(24): 1-6.

[5] 高新民, 罗岩超. "图灵测试"与人工智能元问题探微 [J]. 江汉论坛, 2021(01): 56.

[6] 黄案. 面向虚实交互的档案遗产跨资源互动模型研究 [J]. 山西档案, 2023(6): 172.

[7] 李晴, 郁俊莉. 数实融合下数字经济的分类治理路径研究 [J]. 河南社会科学, 2023, 31(10): 84-92.

[8] 刘慧, 王曰影. "数实融合"驱动实体经济创新发展: 分析框架与推进策略 [J]. 经济纵横, 2023(5): 59-67.

[9] 刘明浩, 岳彩旭, 夏伟, 等. 基于数字孪生的铣刀状态实时监控 [J]. 计算机集成制造系统, 2023, 29(6): 2118-2129.

[10] 刘阳, 修长百. 数实融合对产业结构转型升级的研究 [J]. 科学管理研究, 2022, 40(3): 123-129.

[11] 卢巍. 信息系统项目的质量管理及其应用探究 [J]. 电子产品可靠性与环境试验, 2019, 37(2): 54-57.

[12] 卢滢. 科技信息化与企业的创新发展 [J]. 科技资讯, 2021, 19(35): 131.

[13] 孟祥龙. 基于云计算的虚拟化技术应用设计研究 [J]. 科技资讯, 2023, 21(14): 28.

[14] 秦真柱. 浅谈企业信息系统项目的质量管理 [J]. 科技创新与应用, 2015(30): 269.

[15] 任晓刚, 方力. 数字经济与实体经济融合发展: 驱动机理、制约因素与路径选择 [J]. 人民论坛·学术前沿, 2023(12): 108-111.

[16] 尚海龙, 田苢菲, 王志扬, 等. 数字孪生流域主要建设需求分析 [J]. 中国水利, 2023(3): 54-59.

[17] 史丹, 孙光林. 数字经济和实体经济融合对绿色创新的影响 [J]. 中

国商论杂志，2023（2）：1-13.

[18] 唐婷.大数据环境下 NoSQL 数据库技术 [J].信息与电脑（理论版），2019（15）：142.

[19] 陶飞，马昕，戚庆林，等.数字孪生连接交互理论与关键技术 [J].计算机集成制造系统，2023，29（1）：1-10.

[20] 陶飞，张辰源，戚庆林，等.数字孪生成熟度模型 [J].计算机集成制造系统，2022，28（5）：1267.

[21] 万智康，乐文波，曹哲，等.基于卷积神经网络的球鞋鉴定方法 [J].长江信息通信，2023，36（2）：16.

[22] 邱晓晖.大数据技术在智慧医疗档案管理中的应用研究 [J].时代人物，2023（7）：75-77.

[23] 王谦，王精辉，刘华军.新时代中国数实融合发展之路 [J].人文杂志，2024（2）：1.

[24] 王贤满.科技信息化建设的项目管理探讨 [J].大众科技，2013，15（5）：318.

[25] 王孝春，唐生.人工智能技术与应用与分析 [J].数字技术与应用，2024，42（1）：101.

[26] 温丽梅，梁国豪，韦统边，等.数据可视化研究 [J].信息技术与信息化，2022（5）：164.

[27] 吴昊，汤新民.基于数字孪生技术的飞行区运行架构 [J].计算机集成制造系统，2023，29（6）：2073-2085.

[28] 邢潇.PaaS 云平台的相关研究和运用 [J].数码世界，2019（12）：87.

[29] 徐维维，侯冷晨，张戟，等.基于人工智能的临床路径管理及其对诊疗质量的影响 [J].中国医院管理，2019，39（12）：34.

[30] 张冬.信息系统项目管理中计算机数据库技术的应用剖析 [J].中国新通信，2023，25（24）：71-73.

[31] 张丽敏.基于云计算的云数据管理技术研究 [J].自动化与仪器仪表，2017（1）：177-179.

[32] 张鑫，王明辉.中国人工智能发展态势及其促进策略 [J].改革，2019（9）：31.

[33] 赵春昊，陈敏刚，徐斯颖，等 . 自然语言处理系统测评及标准化研究 [J]. 信息技术与标准化，2023(10)：48.

[34] 郑红艳 . 物联网的发展探析 [J]. 现代计算机：下半月版，2011(16)：53.

[35] 周文，叶蕾 . 数字经济与中国式现代化：理论逻辑和实践路径 [J]. 消费经济，2023，39(5)：3-11.